W0326975

DU MÊME AUTEUR

Aux Éditions Gallimard

LA PERSPECTIVE EN JEU, Découvertes, 1992

LES IMAGES DU CORPS, Découvertes, 1993

MÉMOIRES DE MON CRÂNE. René Descartes, coll. « L'Un et l'Autre », 1997

LUCIAN FREUD. Peintre de la nudité, Hors-série Découvertes, 2010

L'HOMME NU, Hors-série Découvertes, 2013

PEAU DE FEMME, coll. « Blanche », 2014

Aux Éditions Arléa

LES DUNES D'AMBLETEUSE, *roman*, 2004

Aux Éditions Albin Michel / BnF

OBSCÉNITÉS. Photographies d'Auguste Belloc, avec Sylvie Aubenas, 2001

Aux Éditions Beaux-Arts de Paris

FIGURES DU CORPS. Une leçon d'anatomie à l'École des beaux-arts, ouvrage collectif sous la direction de Philippe Comar, 2008. Prix Bernier de l'Institut de France. (Format poche, 2012.)

LES URINOIRS DANS L'ART AVANT MARCEL DUCHAMP, 2017

Aux Éditions de La Martinière

CACHE-SEXE. Le désaveu du sexe dans l'art, avec Sylvie Aubenas, 2014

Aux Éditions Tohu-Bohu

DESSIN CONTRE NATURE, 2018

Aux Éditions de L'Échoppe

FAITES À PEINDRE. Sade, Darwin, Courbet, 2014

DE LA TYRANNIE DU CARTEL, 2022

Suite des œuvres de Philippe Comar en fin de volume

LANGUE D'OR

PHILIPPE COMAR

LANGUE D'OR

roman

nrf

GALLIMARD

© Éditions Gallimard, 2024.

Le peu de chose qu'un être humain puisse dire dans une vie, ce n'est pas à la vivacité de son imagination qu'il le doit, ni aux événements dont il a été le témoin, ni aux guerres qu'il a vécues, ni aux êtres qu'il a aimés ou qui l'ont fait souffrir, mais à la langue qui lui a été transmise.

ORIGÈNE D'ANTIOCHE,
Metalalia, IIe siècle

1

Pas un mot. Quelques bruits lointains, des abois de chiens errants, un craquement de branche, le grondement d'un reste de façade qui s'écroule... l'onde de choc qui s'atténue, se perd dans le silence. Parfois, entre deux rafales d'un vent qui tourne sur lui-même sans savoir où aller, on entend le crissement d'un scalpel qui gratte une paroi. Rien de plus.

C'est une longue, très longue histoire, qui a commencé il y a plus de cent mille ans, mais dont on ne connaît plus que la fin et qui n'est pas vraiment à notre avantage. Une histoire qui aurait pu être une histoire sans paroles, par manque de mots pour la raconter, mais également à cause de la confusion dans laquelle nous vivons : un paysage de ruines et de boue qui rend toute chose vague, floue, indescriptible. Nous-mêmes n'avons rien de remarquable à faire valoir. Les quelques rares signes particuliers qui nous distinguent ne sont que des effets de surface, d'ordinaire passagers, un bouton d'acné, une mèche rebelle, parfois un grognement de fugitif. Notre originalité si elle existait nous ferait horreur. D'ailleurs, plus on nous connaît, moins on nous différencie. Chacun de nous est l'exact reflet de l'autre, en pire. Nous n'avons aucune considération pour notre personne, pour son sourire craintif ou moutonnier. Comment s'attendrir devant ce visage obtus fait pour déplaire ? Du reste elle ne s'attendrissait pas.

« Tu sais que j'ai besoin de fermer les yeux pour t'aimer ! »

A-t-elle vraiment dit cela, ou est-ce seulement moi qui l'ai pensé ? Peu importe. À présent toutes mes paroles sont devenues les siennes. Je choisis mes mots, un à un, parfois avec hésitation, mais c'est toujours avec le son de sa belle voix chantante, un peu haute, que je les entends. Sa langue se confond avec la mienne.

Si nous n'avons rien de remarquable à faire valoir, c'est parce que, donnant libre cours à nos instincts, la griffe de l'atavisme a fini par triompher. Les petites boursouflures individuelles se sont effacées devant notre fonds commun, ce navrant modèle dont nous nous distinguons à peine. Aujourd'hui, en chacun de nous, les caractères de l'espèce dominent. Le typique a effacé l'unique. Nous rentrons la tête dans les épaules quand tout le monde la rentre. Nous ne sommes pas m'as-tu-vu pour un sou. *Sans commune mesure* est une expression qui ne trouve aucun emploi chez nous. Mais ce nivellement par le bas, loin de nous déplaire, satisfait notre impérieux besoin d'égalité, car nous ne redoutons rien tant que d'être différents et verrions d'un mauvais œil que l'un d'entre nous s'entête à sortir du lot. Les singularités, si par malheur elles apparaissaient — geste déplacé, sourire en coin, une parole de trop surtout —, entraîneraient notre rejet du groupe et, à court terme, notre déchéance. Je ne parle même pas d'une tentative de suicide, inconcevable, sauf dans le cas d'un suicide collectif, assez peu probable, encore que la voie dans laquelle nous nous sommes engagés nous condamne plus sûrement que la lame du couteau. Beaucoup constatent cet effacement de l'individu au profit d'un admirable grégarisme, unique dans l'histoire du règne animal — quel mammifère peut en effet se vanter d'avoir comme nous des ancêtres qui défilaient au pas de l'oie sous la porte de Brandebourg ? —, mais rares sont ceux qui en cherchent les causes. Quelques-uns, les vieux cons, disent qu'à force de cultiver nos différences nous avons fini par tous nous ressembler. Quand chacun n'en fait qu'à sa tête, tout le monde agit de la même manière. D'autres prétendent que c'est la crainte d'être stigmatisé qui nous a fait ployer l'échine. Mais laissons là ces décourageantes théories aux vieux cons qui, de toute façon, n'en ont plus pour longtemps.

Notre esprit de meute est à l'image de notre ressemblance. Cinq pieds de haut, pas de cambrure lombaire, front buté, menton fuyant, tignasse hirsute et poisseuse, peau blanchâtre clairsemée de quelques poils follets aussi raides que des soies de porc, langue baveuse toujours un peu sortie, nez plat. Nous avons ce qu'on appelle une sale gueule. Ajoutez à cela quelques asymétries fâcheuses. Je ne parle ici que des humains et non des humaines qui présentent des traits bien spécifiques — ô combien spécifiques si j'en juge par celle que j'ai pu approcher et qui a été l'obsession de mes jours et de mes nuits ! Elles sont même devenues si différentes de nous que l'on est en droit de se demander si elles appartiennent encore à la même espèce.

Cette ressemblance physique qui nous permet de passer inaperçus au milieu du troupeau simplifie les formalités d'identification. Signe particulier : néant. Même notre odeur *sui generis* est une émanation de la puanteur générale. À en croire un des ouvrages que j'avais récupérés dans les décombres de la Grande Bibliothèque, nous serions doubles, faits d'un corps et d'un esprit. Le premier, matériel, serait prisonnier d'un présent et d'un lieu. Le second, immatériel et libre de toute attache, pourrait se transporter ailleurs, revenir dans le passé ou se projeter dans l'avenir, imaginer des châteaux en Espagne, faire connaître aux autres nos pensées ou nous glisser dans les leurs. Ici, en dehors de quelques individus arriérés, vivant encore dans les superstitions de l'ancien monde, nous ne croyons pas plus à l'*homo duplex* qu'aux deux corps du roi. Mentor, notre chef, est un. Et, comme lui, nous sommes fiers d'être un. Chez nous, l'esprit a délégué au corps le soin de prendre en charge les pensées qui nous agitent. Souffrons-nous d'une contrariété, d'un mauvais sentiment, d'une idée insolite ou d'un désir impérieux, aussitôt — c'est-à-dire avant même que ce qui nous tourmente n'ait eu le temps de faire un détour par la conscience — nos peaux rougissent, nos poils se hérissent, nos visages grimacent, nos sexes se dressent. Spasmes, tremblements, agitations, turgescences sont notre manière d'être présents au monde. Chez nous, toute pensée est un trouble de la chair. En un mot, nous avons la haine de l'esprit.

Avant de faire entendre pourquoi cette petite sauvage, aux caquets si expressifs — sa langue d'or —, a bouleversé ma vie, alors que rien ne me prédisposait à la rencontrer, encore moins à nouer avec elle un lien aussi tendre qu'attachant, fait de domination et de soumission, mais pas uniquement, il faut que je décrive un peu l'abjection de notre monde.

Ici, nous vivons dressés contre notre prochain. La seule idée qu'il pourrait se distinguer de la meute nous le fait haïr. Entre voisins, on se craint et on s'épie sans relâche. Nous avons la passion de l'observation. À toute heure du jour ou de la nuit, des rideaux se soulèvent, des longues-vues font le point, des judas grincent sur leurs paumelles d'acier, des mouchards consignent nos ébats sous tous les angles de vue imaginables. À travers l'épaisse broussaille de nos sourcils, nous nous ménageons des jours afin de pouvoir espionner en toute tranquillité. Mais, si nous nous regardons les uns les autres de manière soupçonneuse, nous ne sommes jamais autant soupçonneux qu'à notre propre égard. Se surveiller soi-même est la première de nos activités. Quand nous constatons un dysfonctionnement, un délit ou un crime, chacun se considère comme le premier suspect. Veut-on un coupable ? Aussitôt tout le monde s'accuse et se met en devoir d'accumuler les preuves de sa propre culpabilité. Chez nous, l'accusé et le témoin ne font qu'un. Si par malheur, c'est un autre qui est condamné, il faut, la mort dans l'âme, se résigner à être acquitté.

Ce rogue mépris que nous avons pour nous-mêmes, les autres le partagent sans réserve. Le monde nous déteste. Les massues s'abattent sur nos crânes, les coutelas nous sautent à la gorge. Je ne parle même pas des arbres qui nous heurtent de plein fouet, des ronces qui déchiquettent nos mollets, ou des fondrières qui nous happent dans leur trou bourbeux. Pourtant, tout ce qui nous arrive est tenu pour suspect. Une intention maligne n'est jamais exclue. Un cyclone ? Un tremblement de terre ? Aussitôt nous nous demandons si ce n'est pas un voisin qui cherche à nous nuire. Même les miroirs nous détestent. À peine ont-ils vu notre sale mine qu'ils nous la renvoient. Naturellement, portés par la chance comme nous le sommes, nous rêvons parfois de tirer notre révérence une bonne fois pour toutes, les besogneux en s'empalant sur des pieux qu'ils auraient eux-mêmes taillés et plantés, les paresseux en s'embrochant sur les premiers. Ce qui nous retient en fin de compte, c'est la perspective que notre mort puisse profiter à quelqu'un. Nous préférons endurer notre existence plutôt que de favoriser celle des autres. Jamais notre propre misère ne nous fera autant souffrir que la réussite de nos semblables. L'estime de soi n'est pas notre point fort, mais l'altruisme non plus. Nous veillons chacun à maintenir scrupuleusement notre pouvoir de nuisance sur autrui afin de lui rendre la vie aussi insupportable qu'à nous-mêmes. Nous entretenons nos ennemis avec tous les égards qui leur sont dus, les secondons à leur insu pour les conserver plus longtemps. Mais n'allez pas croire que ce soit pour nous élever sur le plan moral que nous flattons ces précieuses inimitiés. Un homme sage songerait peut-être que ses adversaires lui sont hautement utiles par l'influence contraire qu'ils exercent sur lui et sans laquelle il serait devenu ce qu'il méprise en eux. Mais nous ne sommes pas sages ! Nos motivations sont bien plus viles. Si nous haïssons notre prochain, c'est parce que nous n'avons pas d'autre dessein que de lui ressembler en tout point.

Ici, chacun de nous souhaite à son voisin, son obligé, son parent, son enfant une vie atroce, et nul ne se sentira coupable d'y être pour quelque chose. Chacun invoque son droit de nuire. Et si — modestie oblige — nous nous faisons un devoir de ne jamais montrer nos vertus, nous exposons haut et fort nos défauts aux yeux de ceux qui auront le plus à en souffrir. Nous veillons surtout avec la plus grande attention à ce que personne ne puisse tirer son épingle du jeu. Lutter contre notre prochain nous maintient alerte. Ne dit-on pas que la vie est un jeu de massacre ? Eh bien, nous aimons jouer ! Nous aimons la routine de la guerre, ses bassesses stimulantes. Nous craignons à tout moment que la paix éclate (la formule n'est pas de moi). Toutefois nous n'aimons ni les héros ni les lâches. Les premiers parce qu'ils ne sont pas de notre monde, les seconds parce que nous ne sommes pas du leur. Troupiers, nous restons dans le rang. Et, à l'exception de quelques paumés, comme Pendeloque qui vit dans les arbres, ou bien comme cette fripouille de Mille-Pattes, parasite en quête d'hôte, errant sans barre ni boussole, et qui n'est jamais là où on l'attend, rien ne dépasse, ni devant ni derrière.

Si assister un proche est une faute de goût, s'assister soi-même est un crime. Être haï, détesté, trompé, bafoué est notre seule gloire, surtout quand nous sommes notre propre souffre-douleur. Nos cœurs et nos rancœurs sont plus durs que le silex. Pourtant, je le sais, quelques-uns d'entre nous, certes peu nombreux, nourrissent des tendresses inavouées. Derrière leurs carapaces de cuir, hérissées d'ongles et de dents inattaquables, dans l'ombre de leurs entrailles, il leur arrive de suivre la fissure qui mine leur cœur de pierre, là où sur leurs parois intérieures suintent les larmes. Attendris par les coups qu'ils se portent sans indulgence, ils pleurent en secret. La nuit, couchés sous leur bâche miteuse et puceuse, ils se recroquevillent pour trouver un peu de la chaleur qui aurait pu les couver s'ils avaient eu une mère aimante, un foyer où s'épanouir, une enfance heureuse. Ils serrent leur paquetage et suçotent la manche de leurs brassières tout en fredonnant une rengaine doucereuse, du moins pour ceux qui en connaissent encore. Mais, de ces attendrissements sur eux-mêmes, ils ne se vantent pas. Rien ne doit paraître de leurs faiblesses. Dieu merci, la nature a tout prévu pour les distraire de ces puériles régressions. À peine ont-ils couché ce sac de chair et d'os qui leur sert de corps que de pernicieux acariens les démangent : la gale irrite leurs plis, les poux grattent leur cuir chevelu. D'ingrats ténias exaspèrent leur sphincter. Et pas une parole pour adoucir leurs maux. Partout le mutisme placide du troupeau.

2

Ici, les cartes ont disparu, et, avec elles, le nom des lieux. La plaine, la montagne, la rivière n'ont pas de nom. Souvent même, nous ne désignons pas les choses si précisément. Nous ne disons pas : la plaine, la montagne, la rivière. Nous disons : une plaine, une montagne, une rivière, ou même pas une rivière, mais seulement : de l'eau qui coule. Et parfois, nous ne cherchons même pas à savoir ce que c'est. Nous disons simplement à leur sujet que ce sont des choses qui se distinguent de nous. Par exemple, que nous marchons sur une chose dans laquelle on s'enfonce ou qui couine. Mais parfois cette frontière entre nous et le reste devient tellement ténue que nous ne la distinguons même plus. Et dire que c'était elle qui avait eu l'idée du cadastre !

Sans carte et sans la moindre idée de ce à quoi ressemble ce qui est au-delà d'ici même, nous sommes toujours au centre de ce que nous ignorons. La jungle défraîchie qui nous entoure n'offre aucun point de repère significatif, aucune direction privilégiée. C'est une zone indifférenciée. Partout, des vasières, des crevasses, des flaques de mazout, des blocs de béton éclatés, des rues défoncées où gisent des charognes sur lesquelles la mort se fait les dents. Tout est d'une égale confusion et respire la puanteur d'un cloaque. Le ciel non plus ne saurait nous aider : la couverture nuageuse, épaisse, noire, basse, est permanente. Il n'y a rien à quoi le regard puisse s'accrocher. Les vents eux-mêmes tourbillonnent sans aller nulle part, de sorte que l'idée même de s'orienter n'a pas de sens pour nous. La droite et la gauche n'existent pas. D'ailleurs nous sommes tous ambidextres, à l'exception de quelques dyslexiques qui, lorsqu'on leur demande de lever les bras, s'observent, hésitent et n'en lèvent qu'un seul, mais ceux-là sont rapidement mis au ban de la colonie. De même, devant et derrière sont des idées difficiles à maîtriser pour nos épaves de cerveau. Il suffit de nous retourner pour que cela change, non? Et puis, même s'il était établi que nous possédions un dos, cela nous autoriserait-il à affirmer qu'il existe quelque chose derrière nous, quelque chose que nous ne voyons pas? Seul ce que nous regardons au moment même où nous le regardons existe, et rien ne persiste de ce que nous avons vu. C'est tous les matins une surprise de découvrir que nous avons des mains, des doigts, des ongles.

Mentor, notre chef, vit ailleurs. Nous n'y mettons oncques les pieds (ce *oncques* est un peu vieillot, non?). Ailleurs est son domaine. Les limites en sont plutôt floues, mais nous nous accordons à penser qu'elles dessinent tout ce qui existe au-delà d'ici même. Dès que nous faisons un pas de côté, quelle qu'en soit la direction, nous pouvons considérer avoir mis un pied ailleurs. Nous vivons toujours à la lisière. Ailleurs nous encercle. Ceux qui ont le malheur de s'y aventurer ou de s'y égarer n'en reviennent pas. Vagabonds sédentaires, nous préférons rester là où nous sommes. Notre vie est bornée de toute part, sans le moindre horizon pour nous évader, mais cette absence d'horizon est le plus sûr moyen de ne jamais nous perdre. Rien que pour cela, nous louons Mentor. Nous admirons la bienveillance et la grandeur de ses vues. Ici, chacun possède sa place. Ce qui nous est naturel est le lieu où nous vivons. D'un jet d'urine, nous pouvons en tournant sur nos talons marquer notre territoire. Nous savons qu'un relâchement de nos attaches, qui nous laisserait libres d'aller et venir, nous condamnerait à l'errance. Partir, cette idée n'effleure personne.

Le sol est instable, les plages sont mauvaises, les sables partout mouvants. La terre, spongieuse, dans laquelle on perd facilement pied, est en perpétuel état de putréfaction. La flore bactérienne fait son travail. L'odeur est parfois insoutenable. Combien d'organismes disparus gisent sous nos pieds ? Chaque strate sert de lit à la couche supérieure. Nous dormons sur les débris et les déjections de ceux qui ont vécu ici avant nous — ce que Domino appelait le Grand Caca. Nous forniquons là où ils ont forniqué. Pas un caillou qui n'ait tremblé sous les coups de boutoir de ceux qui, puces ou mastodontes, se sont accouplés sur ce sol, avant de mourir et pourrir. Succession ininterrompue de coïts depuis des millions d'années. L'humus, notre muqueuse terrestre, n'est qu'un lit d'excréments et de semence jetée par-delà le temps d'une génération à l'autre. Nous mangeons la vermine qui germe sur ce fumier arable, et serons mangés par celle qu'elle a pondue et qui, sous nos pieds, attend son heure. Tout est recyclé. La génération suivante nous enterre alors que nous respirons encore. Parfois un glissement de terrain met au jour un dépôt depuis longtemps enseveli. Des tibias et des fémurs encastrés les uns dans les autres émergent de cette tourbe infecte. Nous détournons les yeux, nous ne voulons pas savoir que d'autres ont vécu ici, avant nous, et qu'ils ont peut-être joui plus que nous.

Si les cartes ont disparu, les calendriers aussi. Plus personne n'est affecté à la fastidieuse tâche de compter les jours ou de remonter les horloges. Nous vantons les mérites du présent. *Vanter* est d'ailleurs un grand mot, car personne ici ne songe à vanter quoi que ce soit, pas même l'instant qui passe. Vivre nous suffit. Pas l'épaisseur d'un cheveu entre l'acte et nous-mêmes. Il existe bien encore quelques horloges accrochées ici ou là, mais elles ne donnent plus l'heure depuis longtemps (quand je pense qu'elle m'avait demandé de lui trouver une montre en état de marche !). À quoi bon mesurer ce qui à chaque instant nous échappe ? N'est-ce pas ridicule de dater les événements, de tenir à jour des éphémérides, de fêter des anniversaires, sachant qu'aujourd'hui sera toujours aujourd'hui, qu'un caillou sera toujours un caillou, et que les vieux cons seront toujours de vieux cons ? Bref, nous vivons dans un éternel présent. Nous ne portons aucun intérêt aux époques révolues. Nous n'aimons pas ce qui nous rappelle le passé. Trophées, vestiges, reliques, dépouilles, fossiles sont sans valeur à nos yeux. Nous plaignons les arbres contraints de vivre avec leurs anneaux de croissance, les coquillages obligés de s'enrouler autour de leurs spires précédentes, les cervidés tenus d'arborer sur leurs bois les ramures de l'âge ingrat. Ici, il ne viendrait à l'idée de personne de conserver des souvenirs, tels que vêtements démodés, objets usés, femelles fécondées. Tout ce qui a servi une fois est abandonné. Nous vivons sous un ciel sans histoire.

Signe de notre peu d'appétit pour le passé : nous exécrons les ruines. Nous n'y voyons pas la trace de ce qui a disparu, ce qui nous réjouirait, mais de ce qui, hélas, résiste au temps. Or nous n'aimons pas ce qui résiste. Nous n'aimons pas ce qui nous rappelle que d'autres ont vécu ici avant nous, qu'ils ont bâti de somptueux palais, érigé des cathédrales, excellé dans l'art de la fresque à la chaux ou créé des jardins enchanteurs. Chez nous, *dorique* et *ionique* sont des jurons. *Chambord* est un motif de rixe ou de duel. *Saint-Pierre-de-Rome*, une déclaration de guerre, alors même que nous avons oublié depuis longtemps l'origine de toutes ces insultes. Nous qui prions pour que nos pas s'effacent derrière nous sans laisser de trace, les ruines nous narguent. Elles défient notre appétit de destruction. La mémoire est notre cauchemar. Nous prônons l'art de l'oubli, quand toutefois nous n'oublions pas de le prôner. Nous abandonnons les ruines aux enfants et aux indigents. Si par hasard nous croisons un reste de colonnade, un fragment d'arche ou un morceau de sculpture, nous ne nous arrêtons pas pour le regarder, encore moins pour le trouver beau. Jamais nous n'irions visiter le champ de caillasses d'une ville à moitié ensevelie sous les cendres. D'ailleurs, nous y sommes. Autour de nous, ce ne sont que façades croulantes, murs éventrés, corniches cassées, restes d'atlantes, bris de verre. Quand l'envie nous prend d'admirer quelque chose — ce qui est rare —, nous préférons contempler les miasmes qui stagnent au-dessus des marécages, ou, tout simplement, nous fermons les paupières. Derrière nos yeux clos, nous regardons les images qui défilent dans notre tête. Admirable, non ?... Réflexion faite, je ne suis pas certain de ce que j'avance. Un monde comme le nôtre, un monde qui est retourné à l'état primitif, est dénué d'imagination. Donc, derrière nos yeux clos, nous ne voyons rien du tout.

Si nous détestons les souvenirs, nous détestons encore plus les projets. Nous n'anticipons jamais. Lorsqu'un ouragan survient, nous creusons un trou pour nous abriter, mais nous ne le creusons pas à l'avance. Pourtant, des ouragans, il s'en produit presque tous les jours. Et quand ils surviennent, il ne nous viendrait pas à l'esprit de nous mettre dans le trou creusé la veille. Nous en creusons un autre, à côté, en rejetant la terre dans le trou précédent. Quand nous chassons, nous ne sommes guère plus prévoyants. Nous adorons les massacres, les carnages, les hécatombes. Nous tuons des quantités considérables de gibier, animal ou humain — et dire que j'aurais pu la tuer ! —, que nous laissons ensuite pourrir sur place sans même y toucher. L'idée de faire des conserves ou des salaisons avec le produit de nos rapines supposerait de songer que nous allons devoir manger le lendemain. Nos estomacs ne calculent pas si loin. Peu leur importent (faut-il accorder *importe* ?) les provisions quand ils sont pleins. Nous gaspillons à plaisir. S'ensuivent d'endémiques pénuries, d'épouvantables famines. Pareillement pour les matières premières qui nous permettent de nous chauffer ou de nous éclairer, nous les gâchons sans scrupule. Cela nous contraint ensuite, pour survivre pendant les périodes de disette, à récolter les petites énergies inemployées, comme la chaleur rayonnante d'un étron, le gaz intestinal d'une flatuosité ou la force élévatrice d'une érection pénienne. Le jour, sans doute proche, où nous n'aurons plus rien pour nous nourrir, plus rien pour nous chauffer, ayant oublié les chasses giboyeuses de la veille et notre politique de la terre brûlée, nous mourrons de faim et de froid sans regret. Et, croyez-le bien, je ne le dis pas de gaieté de cœur.

Du fond de ma cellule puante et bourdonnante de mouches, je cherche quel scélérat a bien pu me trahir, mais je n'en vois aucun dans mon entourage qui soit assez malin pour cela. Tous trop stupides ! Même Mille-Pattes, pourtant moins bête qu'il ne paraît sous son front de galet obtus, n'aurait pu imaginer un tel stratagème. Mais je divague. Je sais très bien pourquoi je suis là, et pourquoi je m'entête par ces mots (qui certes manquent encore d'aisance) à faire revivre ce qui n'existe plus et peut-être à donner une existence à ce qui n'existe pas encore. Quand je repense à tout ce que j'avais récupéré dans mes fouilles, outils, céramiques, bibelots, les livres surtout, les centaines de livres, et que j'avais soigneusement caché dans mon antre, là où j'abritais celle qui a fait si longtemps mon bonheur — où est-elle à présent?... Le seul fait de songer à elle me fait monter les larmes aux yeux. Mais ce n'est pas le moment de donner prise à la tristesse ou aux regrets, encore moins de m'attendrir, bien que le souvenir de son visage fasse couler en moi un baume de douceur. Je disais, quand je repense à tout ce que j'avais récupéré et amassé dans mon antre, j'en ai encore des sueurs froides. Parfois je jugeais excessives les précautions que j'avais prises, traquenards, chausse-trapes, embûches, souricières, collets. Je craignais qu'elles me signalassent (j'adore l'imparfait du subjonctif!) comme ayant quelque chose à dissimuler. Aussi, pour ne rien laisser paraître de ma duplicité, je mettais toute mon ardeur à ne pas me distinguer de mes congénères. Comme eux, j'aboyais et grognais à l'unisson, rampais sous les barbelés, bombais le torse quand il fallait parader. J'appréciais les brimades en souriant et ne réfrénais jamais la cruauté que l'on attendait de moi dans l'exercice de mes fonctions. Je me croyais capable de les tromper, et jusqu'à un certain point j'en ai été capable. C'était oublier que j'étais et que je demeure un des leurs, oublier mon front buté, mon mufle de bête renfrognée et mes ongles tranchants qui, eux, ne savent servir que la meute. J'avais beau chercher à m'élever au-dessus de ma condition, je n'en restais pas moins les deux pieds dans la vase, aspiré par le fond. Il aurait fallu échapper à ma nature, ma sale nature, et me méfier un peu plus de moi-même.

Seize pieds de longueur sur presque neuf de largeur. Haute de huit mains, un peu moins du côté de la porte à cause de la pente qui, à chaque instant, manque de me faire perdre l'équilibre. Les eaux s'infiltrent quand il pleut, remontent par le bas, quelquefois ruissellent sur les murs. Les flaques ne se résorbent pas vite. Le sol en terre battue est toujours boueux. Suis obligé de me tenir debout, échine courbée. Quand la fatigue vient, il me suffit de regarder toutes les bestioles qui pullulent à mes pieds pour que me passe l'envie de dormir. Je ne me plains de rien. D'ailleurs, c'est une chance d'être ici, seul, coupé de tous, mais pas détaché du monde pour autant. Il y a la chaîne. Quarante-sept anneaux de fer, le dernier encastré dans la muraille. Mentor et ses sbires pensent peut-être m'avoir enchaîné, mais c'est eux qui se sont enchaînés à moi, eux et leur monde. Je les tiens au bout de ma chaîne, et ne les lâcherai pas avant de les avoir saignés. Et puis cette cellule est mon ermitage : idéal pour écrire, sans rien pour me distraire. Toute la morale d'une vie ne réside-t-elle pas dans les priorités que l'on se fixe? J'ai déjà couvert le mur de droite, de haut en bas — épaule douloureuse, élancements au niveau du jarret quand je suis obligé d'écrire sur la pointe des pieds. Restent trois murs. Faut retrancher la surface de la porte. Moins deux pieds carrés pour les fissures et pour le trou, assez large, à mi-hauteur du mur, là où il y a la carcasse. Retrancher aussi les endroits où l'enduit manque. En serrant un peu plus les lignes, je peux considérer qu'il me reste encore huit ou neuf fois la surface déjà couverte. Penser à affûter mon scalpel.

La nuit dernière, une des plus noires que je puisse me rappeler (et non *dont* je puisse me rappeler, n'est-ce pas ?), façon subjective de parler vu qu'il fait toujours nuit ici, il m'a semblé entendre au loin une voix. Des appels renouvelés, pareils à ceux d'une tourterelle, *frrouou, frrouou, frrouou... rroui... rroui...* Quel bonheur d'entendre cette petite voix flûtée, de l'entendre seriner de l'autre côté de la muraille ! Pendeloque aurait été tellement heureux de l'entendre... J'ai imité le roucoulement du ramier. Nous avons bavardé ensemble comme le font les oiseaux d'un arbre à l'autre, sans se voir. Dès qu'une voix parle ou chante dans l'obscurité, il fait moins noir. Parfois il me semblait même que c'était elle — ma petite jacassière, ma babillarde, ma pipelette.

3

Ici, depuis la guerre des Genres, il n'est plus d'usage que mâles et femelles vivent ensemble, encore moins sous le même toit. À cela s'ajoute une raison pratique : les humaines sont toutes géantes. À peine nubiles, leurs pis encore semblables à ceux d'une génisse, le mont moins pubescent qu'une feuille de primevère, elles nous toisent déjà de trois têtes. Nous pourrions loger nos deux pieds dans un seul de leurs escarpins si elles en possédaient. C'est une bizarrerie de l'évolution que personne ne s'explique, mais, en quelques siècles, elles nous ont dépassés. Nous semblons des enfants à côté d'elles. Même de loin, nous devons nous méfier, elles sont toujours plus grandes qu'elles ne paraissent (je ne suis jamais à l'aise avec ce *ne* explétif). Il est vrai que je n'ai pas toujours le sens des proportions. En rêve, nous leur tenons tête, mais, face à elles, nous sommes de ridicules bassets dont la queue traîne par terre. Sur la pointe des pieds, nous parvenons à peine à leur lécher le creux des reins. Nous ne pouvons les saillir qu'en nous hissant sur une borne ou en les culbutant dans un fossé. Et, vu les excroissances muqueuses qui prolifèrent au bas de leur ventre, nous ne sommes jamais certains, au milieu de tout ce fouillis de carnosités velues, d'atteindre notre but. Combien se sont perdus dans un repli flamboyant mais trompeur! Le devoir de fornication est notre châtiment et sans doute le leur aussi. Quoique, sur ce point, les avis divergent. Les humaines, malgré leur écrasante supériorité, présentent d'insidieuses faiblesses. Parfois elles capitulent sans combattre, implorent sans fuir. Parfois elles se laissent rosser par des minables qu'elles dominent de leur mépris. Certains pensent qu'elles simulent leur infériorité pour ne pas aggraver l'inhibition des mâles. D'autres, qu'il s'agit là d'un processus de compensation sans lequel notre espèce aurait disparu depuis longtemps. M'est avis que ce serait plutôt... mais personne ici ne s'enquiert de mon avis, inutile d'en faire état.

Ceux qui ne sont pas encore frappés d'impuissance, après avoir enlevé une humaine et s'être échinés à la traîner par monts et ravins dans de gros sacs de jute pour l'emmener dans quelque bauge reculée, accomplissent l'union des chairs le plus vite possible. Ils ne la déballent même pas, ils se contentent d'inciser le sac en cherchant, ici ou là, dans le remuement des bosses, le creux qui convient, puis, les mains agrippées à la balle de tissu, ils pénètrent la poche et, après un bref pilonnage — expression la plus haute de la tendresse du mâle pour la femelle —, pressent leur gel séminal au fond du gluant repli. En vérité, le coït nous répugne, et cela d'autant plus que nous ne pouvons le mener à son terme sans avoir le souffle haletant, le visage congestionné, les membres tétanisés par une crise d'orgasme.

Je dis *nous*, mais c'est une manière simpliste de parler, car de nos jours tous les mâles sont spécialisés. Chacun selon sa caste. L'incertitude relative à la finalité de l'existence, qui planait encore chez les mammifères il y a mille ans, s'est résorbée. Selon que nous naissons avec la mandibule carnassière, de gros triceps ou munis d'un os pénien, nous sommes soudards, tâcherons ou géniteurs. L'anatomie est notre destin (encore une phrase qui n'est pas de moi). Et ceux qui sont voués à la perpétuation de l'espèce sont sans doute les plus à plaindre : ils préféreraient être hermaphrodites ou se reproduire par autogamie comme les vers intestinaux.

La plupart des humaines vivent retirées au fond des bois, dans les marécages, au milieu des miasmes infestés de tiques et de moustiques dont elles se nourrissent. Nous les observons à la jumelle de chasse, cachés dans les fourrés. Huileuses et fumantes quand elles émergent des eaux, elles font onduler leurs hanches jusqu'à la rive, avant de s'échouer entre les joncs où coassent des grenouilles. De là, elles se traînent jusqu'à un banc de sable clair. Vêtues d'une simple feuille de vigne quand il fait froid, elles se servent de cet accessoire comme d'un éventail quand il fait chaud. Pendant la journée, leur activité, du moins celle que nous pouvons surprendre depuis nos affûts, outre de se racler les peaux mortes avec un strigile ou de se frotter l'épiderme avec de la couenne fraîche, consiste en de curieuses vocalises : elles chantent. Elles chantent à tue-tête, elles chantent à faire frissonner la peau. Elles ont conservé de leurs ancêtres le sens de la mélodie, auquel nous, les mâles, sommes devenus insensibles, ne réagissant qu'aux vociférations et aux hurlements de nos congénères.

En dépit de nos observations et du nombre de rumeurs dont elles sont l'objet, leurs mœurs sont mal connues. On les voit se livrer à toutes sortes de gestes dont on ignore la signification. Leur plasticité nous émerveille et nous effraie. Parfois elles s'enfoncent une main en elles-mêmes. Parfois elles se retournent en doigt de gant et ne sont plus que muqueuse. Ou bien elles se déploient en arborescence ou s'étalent en nappe. Nous qui sommes enfermés dans un carcan à la manière des crustacés — casque, plastron, jambières —, nous admirons la liberté qu'elles ont de se transformer sans cesse, d'être comme les nuées, infidèles à elles-mêmes pour demeurer fidèles au vent. Aériennes quand elles courent, fluides quand elles nagent, moelleuses quand elles paressent, elles ressemblent à des sofas qui respirent quand elles dorment. Certains rêvent de les approcher comme des chats, de grimper sur leurs molles éminences, de faire leurs pattes sur elles, mais ce ne sont que réminiscences d'un monde perdu, manifestation résiduelle d'une couche très ancienne du cerveau.

Dans la solitude de nos tanières, après une journée passée à crapahuter en rond, les mains encore pleines de calamine et de sang, le dos fourbu, l'échine repliée dans une fourrure de hyène ou de phacochère, à l'heure où le sommeil émousse nos défenses, où l'alcool fait son effet, nous devenons la proie de nos démons intérieurs. Nous rêvons de donner la sérénade à une humaine portant une natte blonde, mignotant son chat avec mélancolie devant une croisée qu'éclairerait la lueur d'un feu dans l'âtre. Nous nous endormons, remplis de ces images qui teintent nos songes de couleurs suaves. Au matin, la tête ébouriffée, nous nous réveillons avec la gueule de bois, le cœur englué dans ces ignobles songeries qui ont des relents d'eau de rose. Notre cerveau n'a pas encore étouffé les dernières traces des coutumes de nos ancêtres. D'un geste de la main, nous chassons ces reliquats mnésiques en grommelant : mièvrerie que tout cela !... Rustres accomplis, mufles indécrottables, barbares féroces, nous avons tendance à en faire un peu de trop quand nous rêvons, c'est là notre plus grand défaut. Je mesure à quel point nous sommes des créatures imparfaites puisque nous avons encore la possibilité de rêver. Cette illusoire consolation est ce qui nous fait souffrir. La douceur de nos songes éreinte nos cœurs plus que le fer de nos lances. Mais que l'on ne se méprenne pas, peut-être suis-je seul encore à rêver, seul encore à croire que quelque chose me dépasse, ou qu'une autre vie est possible ?

Une de nos plus grandes joies est la fête de l'Enthousiasme. Sur injonction de Mentor, nous nous rassemblons tous là où nous sommes. Adeptes de la méthode Coué, nous pratiquons l'autosuggestion gratifiante. Au premier cri, nous nous levons et, les bras placés en V, nous nous acclamons longuement avant de nous rasseoir et de recommencer. À chaque nouveau triomphe, la clameur monte par vagues successives jusqu'à l'ovation finale. Là, nous nous applaudissons à tout rompre, sifflons de toutes nos forces en lançant des vivats et des bravos, en poussant des hourras de satisfaction. La jungle urbaine n'est plus qu'un énorme poumon vociférant auquel s'ajoute le mugissement des bêtes errantes. Ces manifestations collectives nous jettent dans un transport de joie indescriptible, proche du délire. Nous en ressortons euphoriques, hébétés, prêts à tous les sacrifices pour revivre ce moment de communion qui nous hisse au sommet de notre propre insignifiance.

Après le cérémonial de triomphe, pour consolider nos liens et assurer la parfaite cohésion de la meute, nous nous livrons à quelques actes de lynchages, ratonnades, persécutions et cruautés sur des minorités ou des êtres sans défense. Dans ce monde de basse politique, nous marchons d'autant plus volontiers au pas que Mentor nous donne par ailleurs le droit de nous livrer à toutes les forfaitures, toutes les infamies imaginables. Les crimes de sang sont encouragés, ceux de l'esprit toujours punis. Ne pensez pas, dépensez-vous ! Toutes les idées qui ont cours dans nos têtes font l'objet d'un strict contrôle. Celles qui nous éloignent de notre tâche sont impitoyablement pourchassées, c'est-à-dire à peu près toutes. Nous avons le droit de penser, mais jamais à autre chose. Certains, soit parce que la démence s'empare d'eux, soit parce qu'ils ont la naïveté de croire que les sbires de Mentor ne s'apercevront de rien, se laissent aller à divaguer. Profitant d'un moment d'égarement, ils rêvent de vivre la vie égoïste d'un petit-bourgeois de province, robe de chambre sur mesure, blanquette de veau, jeux télévisés, couronnés d'une fellation, ma douce. Quelques-uns, sans doute impuissants, s'imaginent vivant reclus au cœur d'une forteresse de livres, lisant à haute et distincte voix, à la lueur d'une chandelle, *Les Aventures prodigieuses de Tartarin de Tarascon* ou bien *La Vie très horrificque du grand Gargantua*, livre plein de pantagruélisme et de panurgisme. Et peut-être même rêvent-ils d'être écoutés par une créature assise à leur côté. Ah ! que j'aimais te faire la lecture, ma douce enfant ! Tu ne savais pas encore lire que déjà tu savais à quel moment il fallait tourner les pages. Toutefois, là encore, je ne voudrais pas donner une fausse idée de notre sinistre engeance ni laisser penser, à ceux qui suspecteraient que je parle ici de moi, que je suis l'étalon de ce reliquat d'humanité.

Contrairement à mes congénères, depuis que j'avais séquestré la petite, j'avais pris goût à l'accumulation, aux provisions. J'avais mes possessions cachées. J'enfouissais de la nourriture, des tubercules d'igname et de chou-rave, des fanes de navet, des os à ronger auxquels s'attachaient encore quelques tendons coriaces. Ou bien, je m'emparais de petits objets trouvés, des trucs cassés, donc inutiles, qui faisaient pitié à voir. Des choses comme cette cuillère tordue trouvée un jour parmi des gravats, et qui, privée de sa fonction, était devenue l'image de ce qu'elle était avant qu'un pied ou un caillou ne l'écrasât. Des bagatelles semblables à celle-là, j'en ramassais beaucoup, certaines fort curieuses : tesson de bouteille, pompe rouillée, isolateur électrique, tasse ébréchée, douille en cuivre, mais aussi crâne de chien ou bogue de châtaigne. En sorte que, dans mon antre secret, j'avais confectionné un petit musée d'objets qui n'avaient pas ou plus d'utilité pratique, ce qui, soit dit en passant, si j'ai bien compris, était le propre d'un musée. Bien rangées sur de vieilles planches ou dans les niches creusées à même la roche, ou posées sur une pierre faisant office de socle, toutes ces choses servaient à l'initiation de la petite. « On ne touche pas, Lalie — Lalie, c'est le nom que je lui ai donné —, on ne touche pas, on regarde ! » Elle se taisait. Ramener le silence, c'est aussi le rôle des objets qui ne servent à rien. Parfois, je rentrais au terrier les poches pleines, et pas seulement les poches, l'intérieur du pantalon aussi, obligé de marcher de guingois, les jambes écartées à cause de toutes mes trouvailles qui, dedans, bringuebalaient et cognaient contre le sac de couilles. Je vérifiais que personne ne me suivait, me faufilais entre les taillis, et là, derrière le pylône immatriculé RT-6944, je me glissais sous la dalle en prenant soin de ne pas m'écorcher aux fers qui saillaient de tous les côtés. Un à un, je désamorçais les pièges, soulevais les clenches, puis m'enfonçais dans le boyau, tête baissée, en me guidant d'une main. Quelquefois un éboulement manquait de m'ensevelir. La pente était raide, raide et glissante. Une quinzaine de pas, jusqu'à la porte. J'avançais sans bruit. Arrivé, j'écoutais derrière le battant. Souvent, elle fredonnait, ma petite cancanière. Parfois, j'entendais ses pas de souris qui trottinaient ou dansaient. Je dégrafais mon ceinturon, baissais mon pantalon. La clef, je l'avais toujours en moi, bien graissée, logée dans le rectum. Une grosse clef bénarde. Pour la retirer, je me penchais en avant, introduisais l'index à fond, et, avec la dernière phalange, je crochetais l'anneau, que je faisais ensuite sortir en prenant soin de tourner doucement la tige pour extraire le panneton qui n'était pas mince. Lors des inspections et des fouilles au corps auxquelles nous pouvions toujours être soumis (on n'est jamais trop méfiant), nus, entièrement nus, personne ne pouvait voir mon secret. La clef de toutes mes possessions était en moi.

Ce n'étaient que des taches, plus ou moins grises, assemblées sur un mince rectangle de carton, mais qui, observées en un certain sens, excitaient et poursuivaient l'imagination. Pour ma part, j'y voyais deux personnages. L'un était assis sur ce qui pouvait être un grand foulard posé à même le sol. Sa tête, légèrement penchée, était coiffée d'un chapeau à large bord, peut-être en paille, une aile relevée, laissant filer sur ses épaules un flot torsadé de chevelure. Je me persuadais, au regard des gravures de mode que j'avais récupérées dans les ruines de la Grande Bibliothèque, que c'était une femme. À sa droite, il y avait un objet long qui ne m'évoquait rien de connu. Peut-être un panier ou un vêtement replié sur lui-même. L'autre personnage, qui avait la stature d'un homme, bien que d'une silhouette beaucoup plus élancée que la nôtre, se tenait debout, les jambes serrées, les bras ballants. Il portait un pantalon sombre et un maillot à manches courtes (un *T-shirt*, pour employer le jargon de l'époque) sur lequel on lisait en grosses lettres : $E = mc^2$. Le sol sur lequel reposaient les deux personnages était dépourvu de toute trace de végétation. Si mon hypothèse était la bonne, ils se tenaient sur une plage de sable, sous un ciel — chose à peine croyable — dépourvu de toute couverture nuageuse. Le modelé des visages offrait d'intenses contrastes de lumière. Les yeux se distinguaient à peine de l'ombre qui creusait leurs orbites. Mais il ne faisait aucun doute dans mon esprit que l'homme et la femme me regardaient, et cette impression, presque gênante, persistait lorsque j'inclinais ou examinais obliquement le carton qui servait de support à ce qu'il faut bien nommer une apparition. Au dos figurait une mention écrite à la mine de plomb : *Le Crotoy, juillet 1997*. Un nom de lieu vraisemblablement, et une date. C'était l'une des huit photographies que j'avais trouvées dans un coffret métallique aux ferrures rouillées, et dont l'intérieur était tapissé d'un velours vert, réduit à quelques lambeaux. Coffret dont le contenu avait été une source inépuisable de spéculations pour Lalie.

4

Les mères se laissent parfois aller à des élans de tendresse avec leurs enfants : une caresse discrète sur une nuque potelée, un baiser furtif posé sur le front insouciant du loupiot qui vient se blottir dans le creux des seins, ou même une comptine fredonnée à l'oreille de cette créature promise à toutes les bassesses. Dieu merci, de tels dérapages sentimentaux sont rares. Les génitrices savent que les séquelles qui en résulteraient seraient graves et durables. Au lieu d'endurcir les enfants, ces marques déplacées d'affection développent chez eux d'irréparables faiblesses, des besoins d'amour que l'existence ne pourra satisfaire. Le manque s'installe en eux. Ils deviennent inadaptés à la lutte pour la vie. Gâtés, comme il arrive, par des mères dédaigneuses de leur devoir, les enfants s'amollissent, leur ardeur s'étiole. Pour les redresser, il faudrait les manier à la trique, alterner roustes et raclées. Mais, le plus souvent, cela ne suffirait pas. Le mal est fait. Une fois le vice de l'amour inoculé dans cette chair encore vulnérable, impossible de l'en déloger ! Les enfants trop sévèrement aimés deviennent aimants à leur tour. Le traumatisme les conduit à la confiance en soi et parfois même à l'estime des autres. Proies faciles pour la dent et la griffe, ces tendrons qui sentent encore l'odeur du frai et du petit-lait se font croquer par le premier venu. Ici, les psychiatres, s'ils existaient, auraient du pain sur la planche, d'autant plus que, parvenues à l'âge adulte, ces créatures abusivement chéries refoulent les traces d'amour qui les font souffrir. Observations à l'appui, passé la première dent, les enfants qui rêvent encore du giron de leur mère sont perdus pour l'espèce.

Heureusement la plupart des mères se débarrassent de leurs enfants avant le sevrage. Beaucoup d'entre elles les abandonnent à la première crise de pleurs ou bien les noient dans les tourbières. Ceux qui en réchappent ne sont pas les bienvenus. S'ils reviennent se pendre à la mamelle, mains tendues, bouche en suçoir, les mères usent du chasse-mouflet pour les éloigner. En dépit de tous les efforts accomplis pour soutenir la mortalité infantile, certaines mères renâclent à occire leurs marmots. Aussi cette engeance immature pullule-t-elle, un véritable fléau, une mérule pleureuse qui s'infiltre partout. Livrés à eux-mêmes, les trousse-pet errent dans les bois, se regroupent en bandes loqueteuses. Les plus âgés réduisent en esclavage les plus jeunes, chacun son tour. Ils vivent d'expédients et de petits larcins, campent dans les ruines des antiques parcs d'attractions, arborent des masques de Mickey, s'abritent dans des carcasses fraîchement dépecées, s'abattent telle une nuée d'éperviers sur les ordures. Les plus malins engraissent des asticots pour les manger. Les plus frêles, quand ils ne sont pas troqués contre un quignon de pain à des pervers de mon genre qui les séquestrent dans des caves, sont rejetés par le groupe. Réduits à la mendicité pour sustenter leur complexion débile, ils s'accrochent aux basques, implorent les poches, parasitent les sacs. Mais cela ne retarde que peu l'heure où rats et rapaces se disputent cette manne puérile.

Ici, nous maintenons les enfants dans la plus stricte ignorance afin de ne pas compromettre leurs chances de survie. Tremper le caractère, exciter l'agressivité, stimuler la pugnacité présente certes quelques avantages, mais le mieux est encore de laisser la sélection naturelle se charger d'éliminer les délicats. À peine les enfants savent-ils se traîner par terre que les mères les jettent dans l'arène. Il faut voir la joie qui illumine leur visage de madone quand un de leurs moutards assène un coup de pelle sur le crâne d'un plus chétif, lui poche un œil ou le gave de sable. Fières de leurs petits durs qu'elles appellent mon Costaud, mon Étripeur, mon Assassin, elles songent : en voilà un qui réussira ! Et, au milieu des voix hurlant : *Mort aux faibles !*, elles les incitent à porter le coup de grâce.

Mais il arrive encore que certains d'entre nous, dans le secret de leur cœur dépravé, rêvent de les éduquer et tout d'abord de leur apprendre à parler. Quelques-uns, assez rares, tentent même de les séquestrer pour les instruire en cachette, leur enseigner l'alphabet, l'art de la lecture, les règles de l'accord du participe passé avec l'auxiliaire avoir. Honte à ces missionnaires de l'alphabet, ces prosélytes de la grammaire, ces apôtres de la concordance des temps ! Comment osent-ils ainsi humilier les ignorants ? Chez nous l'amour des enfants suscite des réactions violentes. Les auteurs de ces crimes sont sévèrement punis. Quand ils ne sont pas lynchés par la foule, toujours heureuse de resserrer ses liens au prix d'une justice expéditive, ils le sont par leurs voisins qui n'aiment pas voir leurs nobles crimes de sang mêlés à ceux, abjects, de ces sinistres éducateurs.

La nuit, dans la solitude de leurs songes inavouables, ces mauvais parents rêvent d'entortiller leurs doigts dans des chevelures d'enfants, de leur caresser la nuque tout en leur chantant *Ah! vous dirai-je, maman.* Ils rêvent de les emmener le dimanche au musée pour leur montrer *La Dentellière* ou *Le Tireur d'épine*, avant de revenir déguster dans une coquette maison un gigot suivi d'un saint-honoré à la crème. Mais d'où leur viennent ces rêves saugrenus ? Ils ne le savent pas eux-mêmes, puisque personne ne leur a jamais chanté de berceuse, que les musées ont depuis longtemps disparu, et que les joies de la famille, si tant est qu'elles aient un jour existé, appartiennent à une époque antédiluvienne. Le plus souvent, ils refoulent ces archaïques visions, vestiges d'un autre âge. Ils pensent que des enfants aimés et instruits ne survivraient pas dans notre monde. Soyons sages, se disent-ils. Ne donnons pas prise à nos régressives obsessions. Abandonnons-les !

Elle avait couru dans les marais, beaucoup couru avant de s'effondrer, puis elle avait encore trouvé la force de ramper quelques longueurs de ventre, avant de s'immobiliser, épuisée, haletante. Une belle prise, m'avait dit le rabatteur, qui, tout en lui dégageant le col, avait glissé sa répugnante paluche pour tâter la gorge à peine formée. Un des mollets était marqué par les morsures des dogues qui, lassés de leur traque, lui tournaient autour, langue pendante. J'avais congédié le rabatteur à coups de pierres. Au loin, on entendait bramer des humaines. La petite sauvage était couchée sur le flanc parmi les ronces et les aubépines, le corps replié, les bras ramenés sous le ventre. Elle sentait l'odeur des joncs quand ils ont trop longtemps macéré et fermenté. En la voyant ainsi repliée, immobile, je m'étais senti désemparé, presque craintif à l'idée de la toucher. Il me semblait incroyable de pouvoir voir de si près celle que j'avais si longtemps convoitée en secret. Elle ou une autre, d'ailleurs. Car je ne l'avais pas à proprement parler choisie. C'était les circonstances qui avaient décidé de la prise. Toute l'excitation accumulée depuis des mois à préparer un gîte, à organiser cet enlèvement, avait d'un coup reflué. Ma détermination à la séquestrer s'en était trouvée ébranlée. Avais-je vraiment envie de donner suite à ce qui n'était qu'un projet insensé, un projet qui allait pour longtemps me lier à une inconnue? Comme elle hoquetait et semblait respirer avec difficulté, je l'avais retournée du bout du pied. Blanche, molle, tuméfiée, sa face m'était apparue pour la première fois. De voir son visage me rassura. Je m'étais baissé pour détailler ses traits. Ses yeux d'eau claire, longcillés, enfoncés dans le gras, lui donnaient un air de carlin boudeur. Sa lèvre supérieure, épaisse, retroussée, laissait à découvert deux rangées de dents aiguës irrégulières. Un filet de bave mousseuse s'écoula. Une belle prise, en effet. Je fis glisser mon doigt sur ses lèvres, puis sur ses gencives, avant de l'enfoncer doucement dans la bouche pour tâter sa langue. Ah ! la langue, la belle langue ! Elle allait apprendre à s'en servir autrement que pour lécher des racines de tubéreuse et sucer des tiges de sureau. J'avais examiné le fond de la gorge, la petite anche vibrante de la luette, le voile du palais. Curieuse chose qu'une bouche, lieu de la parole et de l'oracle, mélange de corps durs et de masses molles, avec ce muscle étrange, escalopé à sa pointe, qui loge dans l'antre humide où naissent les voyelles ! Et la barre des incisives contre laquelle cette langue frappe pour former le « d » et le « t » ! N'est-ce pas d'abord dans la bouche que naît le goût des mots ? N'avait-on pas eu raison de désigner cette demeure princière où vit la langue, et où se forme la parole, du beau vocable de *palais* ? Tout en la regardant, je songeais que j'allais devoir lui trouver un nom, un nom auquel elle répondrait. Je saurais bien en trouver un dans un des vieux almanachs que j'avais récupérés. J'avais glissé une main sous sa tête. De l'autre, j'avais écarté les mèches qui lui couvraient le front en les enroulant derrière son oreille, légèrement décollée, sanguine et pointue, pareille à celle d'un elfe espiègle. À plusieurs reprises, j'avais craché sur son visage, puis passé ma paume dessus pour éponger les traces de terre. Elle avait entrouvert les yeux, à peine, comme après un long et lourd sommeil. En me voyant, son visage avait pris une expression terrifiante. Sa nuque s'était raidie, la bouche déformée par une mimique que je n'avais encore jamais vue, les coins des lèvres écartés et relevés, mais où depuis j'ai appris à reconnaître un sourire, son délicieux sourire. Oubliant qu'elle ne me comprendrait pas, je lui avais murmuré : « N'aie pas peur... N'aie pas peur... » Mais je m'étais effrayé en entendant tout ce qu'il y avait encore de cruel dans l'intonation de ma voix. La pensée que j'allais devoir la corriger, la dresser, qu'elle se cabrerait, me haïrait, qu'elle voudrait s'enfuir, me troublait. Sa tête avait de nouveau pesé dans ma main. Elle avait perdu connaissance. Le visage n'était plus qu'une surface de bosses et de creux, une surface bordant une bouche ouverte, rose, humide et fraîche.

Tout en la traînant dans le sac où je l'avais enveloppée, solidement fermé par un double cordon de raphia, je songeais que, pour lui apprendre à parler, j'allais d'abord devoir apprendre à lui apprendre. Je n'avais aucune expérience pour transmettre le peu que je savais. Je n'avais encore jamais parlé à une enfant, je n'en avais même jamais vu d'aussi près, encore moins touché. Comment l'instruire ? Comment partager avec elle ce que j'aimais ? Y avait-il une méthode ? Quel serait mon rôle ? Un maître était-il, comme je l'avais lu dans un vieux traité d'éducation, une cruche pleine qui versait son contenu dans le vase vide de l'élève ? Ou bien était-il, comme l'affirmait un opuscule intitulé *L'Art de bien dresser les enfants*, un tuteur le long duquel la jeune pousse serait contrainte de croître ? Ou encore, un maître était-il un obstacle contre lequel la jouvencelle allait faire ses armes ? Voire une badine capable de dompter cette petite bête encore revêche ? Cruche, tuteur, obstacle, badine, comment choisir ? Et peut-être un maître était-il tout autre chose, que j'ignorais ?

Quant aux méthodes employées par Domino, quoique savoureuses, il me semblait impossible de les appliquer à la lettre avec une enfant. Il n'est pas si facile de dévorer des livres à pleines dents. J'allais surtout devoir m'affranchir de tous les préjugés qui s'attachent à la jeunesse. Ici, la jeunesse, nous la méprisons à cause de son insouciance, de son refus de l'ordre établi, et, plus encore, à cause de sa niaise velléité de penser par elle-même. Nous aimons les idées toutes faites. De même qu'il ne nous viendrait pas à l'esprit de confectionner nous-mêmes nos chaussures, il ne nous vient pas à l'esprit de confectionner nous-mêmes nos idées. Mais si nous méprisons l'âge tendre, c'est surtout parce que nous aspirons au grand âge qui est une promesse de quitter sous peu ce monde sordide. Ici, personne ne regrette de voir sa jeunesse s'éloigner. Les rides sont attendues avec impatience. Certains, pressés de découvrir leur visage flétri, se dessinent des cernes et des crevasses pour paraître plus vieux, ou se font friper la peau à grand renfort de claques. Chaque époque a ses modes. La nôtre valorise les vieilles barbes et les vieilles biques. Les gâteux égrotants et impotents sont nos idoles. Nous rêvons de cécité, de surdité, d'amnésie, de n'être plus qu'un tout petit pois de cervelle, juste assez pour jouir de n'être plus rien. Aussi marchons-nous vers notre dernière échéance à pas redoublés. Quand nous portons un toast en levant notre quart de gnôle, nous ne disons pas hypocritement : *À notre santé !...* Mais lucidement : *L'alcool tue, abrégeons nos vies !* Tout cela, j'en avais conscience, ne faisait pas de moi un éducateur-né.

Non seulement je voulais lui apprendre à parler, mais je voulais également lui apprendre à lire et à écrire. Or, ici, nous avons perdu l'usage de l'écriture. L'administration — pour autant que ce mot puisse qualifier la gestion extensive du chaos — fait savoir ce qu'elle veut dire par voie de rumeurs. Les avis sont chuchotés d'une oreille à l'autre, et parfois même pas chuchotés, le bruit court tout seul. Aussitôt chacun accomplit la tâche qui lui est destinée sans se donner la peine de réfléchir. Parfois, ce n'est même pas un bruit, c'est seulement écrit dans l'air du temps, dans la couleur du ciel. Chacun devine ce qu'il doit faire et agit en conséquence. Le plus souvent, nous nous accordons en l'absence de toute concertation préalable. À un moment donné, sans qu'on puisse expliquer pourquoi, nous nous levons tous comme un seul homme, et courons tous dans la même direction, têtes baissées, sans chercher à savoir où l'on va, ni ce que l'on doit y faire. L'important est de rester unis, au coude-à-coude, le nez vissé dans le cul de celui qui nous précède. Et chacun se dit : Dieu que c'est bon de se plier à une volonté supérieure, de se laisser modeler par une main invisible. Un morceau de fer brut doit éprouver un plaisir comparable au nôtre quand, sur l'enclume, le marteau le frappe pour lui donner une forme.

Si l'écrit a perdu toute utilité pratique pour administrer nos vies et régler nos actions, il aurait pu subsister pour nous distraire. Mais, outre que les distractions nous ennuient, la littérature a disparu depuis des lustres. La presse également, devenue inutile. Ici, rien ne se produit sans que tout le monde soit au courant à l'instant même où cela se produit. La vie privée — le droit d'être tranquille chez soi — n'existe plus depuis longtemps. Le moindre mouvement se fait au vu et au su de tous. Catastrophes, désastres, calamités, fléaux ne se distinguent pas de nous. Nul besoin d'en être informés. En revanche, un fait divers, pour peu qu'il soit insignifiant, pique parfois notre curiosité. Tiens ! l'eau monte à mesure que je m'enfonce dans une flaque ! Tiens ! un pendu se balance au bout de sa corde avec la régularité d'un métronome ! Tiens ! une pomme tombe ! D'un signe de tête, nous avertissons les voisins.

Des penseurs antiques, nous ne connaissons presque plus rien depuis la destruction des bibliothèques. Seuls subsistent quelques noms que la tradition orale a rapportés. Les titres de leurs œuvres sont incertains, leur contenu plus encore. On dit que les derniers d'entre eux ne s'intéressaient qu'à ce reflet inconsistant du monde avec lequel, jadis, les hommes échangeaient des idées — le langage. Nous citons à l'occasion des aphorismes qu'on leur prête, par pédanterie. Nous saluons leur légendaire clairvoyance d'avoir parié que l'homme un jour s'effacerait, comme à la limite de la mer un visage de sable. Mais à quoi bon continuer de parler de l'homme puisque, sous cette forme archaïque, il a disparu ? Et, chez nous, les disparus ne valent guère mieux que les morts. Nous aimons ce qui est vivant, ce qui remue, pour avoir le plaisir de l'anéantir. Nous aimons sentir l'asticot se tortiller entre nos dents avant de le croquer. Seules les proies qui se débattent nous font saliver. Et nous admettons qu'elles aiment ça. Ne lit-on pas dans les anciens manuels de cuisine que le homard préfère être plongé vivant dans l'eau bouillante ? Nous confirmons. La fin des homards est notre seule philosophie. Quant au langage, nous en avons perdu l'usage, il est tombé en désuétude. Les mots sont devenus des enveloppes creuses. Ils se sont vidés de tout ce qu'ils charriaient. D'abord, ont disparu les mots qui désignaient des entités abstraites : *absence*, *évidence*, *indécence*, *licence*, *équivalence*, *providence*... Puis, les adjectifs en « tique », comme *didactique*, *éclectique*, *diplomatique*. Ensuite, ceux en « able » et en « ant ». C'est par famille entière qu'ils ont disparu. Après, ce sont les verbes et les noms qui se sont évanouis. À la fin, ne restait qu'une poignée de mots. Des mots qui disaient souvent une chose et son contraire, tout à la fois *jour* et *nuit*, *froid* et *chaud*, *oui* et *non*, de sorte qu'eux aussi sont tombés dans l'oubli, par manque d'occasion d'être employés. Aujourd'hui, nous sommes taiseux. *Taiseux*, c'est encore trop dire, car celui qui se tait sait parler. *Mutique* serait plus exact. Les interjections, les jappements, les onomatopées, les râles suffisent pour communiquer entre nous. Le plus souvent d'ailleurs, on se contente d'un simple échange de regards pour savoir s'il faut s'effacer à reculons devant un inconnu, ou si l'on peut marcher droit devant sans avoir à se dérouter.

Bien entendu, si un goujat nous marche sur le pied, nous crions. Est-ce pour autant un langage ? Pour avoir longuement réfléchi à la question, je ne le crois pas. Quand nous crions, les cris font corps avec nous. Nous n'avons pas plus conscience de la portée de nos cris qu'un animal n'a conscience de sa livrée. Les taches d'un pelage ou les couleurs d'un plumage signalent l'espèce, indiquent le temps de la parade ou celui de l'hibernation, mais elles font signe à son insu. Notre cri est pareil au « floc » qui accompagne la chute du caillou dans l'eau. Un simple artefact. Et ce n'est pas parce que le son émis par le caillou se répète chaque fois que le caillou tombe dans l'eau que l'on peut en conclure que le caillou parle. Voilà qui est raisonné. Nous râlons, nous bavons, ce qui n'est déjà pas si mal.

Donc, plus un mot. Certes, quelques-uns, de moins en moins nombreux, chuchotent encore. Entre causeurs, nous nous parlons à voix basse. Nous murmurons des poèmes dans des langues mortes, parfois sans les comprendre, pour le seul plaisir de leur sonorité, par pure lalomanie, mais le plus souvent nous nous contentons d'un silence entendu pour ne pas éveiller la méfiance ou la réprobation de nos congénères — les langues pâteuses. En public, mieux vaut se taire que de lâcher un mot, qui est toujours de trop. Ceux qui, comme nous, sont atteints de bavardage sont pris pour des fous, d'autant plus que plus personne ne les comprend. Du reste, ces amoureux des mots sont des marginaux, ils appartiennent tous à une communauté de solitaires. Ne les voit-on pas discrètement s'éloigner du groupe pour satisfaire leur maladif besoin de jaser ? Ils se cachent derrière un buisson, s'accroupissent pour se parler à eux-mêmes, ou bien font les cent pas, les mains dans le dos, les yeux perdus au ciel, tout en babillant. Parfois, au contraire, ils regardent le sol, semblent chercher quelque chose, mais on voit bien à leurs lèvres qui remuent, aux postillons qui s'en échappent qu'ils articulent des paroles. Voudraient-ils sermonner une pierre qu'ils ne s'y prendraient pas autrement. Parfois un mouvement de tête ou un geste de la main accompagnent une inaudible phrase. En dehors de ces quelques jacasseurs, le commun des mortels, qui ne pipe mot, se tient vautré par terre. Et les paroles perdues passent au-dessus des têtes.

Il arrive aussi que l'on surprenne ces maniaques du bavardage, la mine mélancolique, canif à la main, en train de graver des signes sur des écorces, ou d'écrire avec du charbon de bois sur un rocher. Mais pourquoi, pour qui, dans quel but ? Je me pose parfois la question, moi qui appartiens à cette confrérie des parleurs, onanistes de la langue, et qui grave avec un scalpel sur les parois de ma cellule ces mots que tu es en train de lire.

Lecteur qui as vécu il y a cinq cents ou mille ans, c'est à toi que je m'adresse. Je me fais l'écho lacunaire de ce qui te succède. À la différence de mes contemporains qui limitent leur existence à la place qu'ils occupent, à la seconde qui expire, à leur ventre qui ingère et défèque, éjacule ou se fait inséminer, toi tu sais que l'esprit peut voyager, se projeter dans l'avenir comme remonter dans le temps. C'est par l'esprit qu'on vit, tout le reste est mortel. Si ma personne apparaît un peu entre ces lignes, pardonne-moi, ce n'est pas que j'attache la moindre importance à ma minable existence, mais ayant appris dans les livres que j'ai trouvés la langue que tu parlais, cette langue aujourd'hui morte, mais qui est la seule à ma disposition, je ne peux m'adresser qu'à toi, qui n'existes plus, pour raconter l'histoire de cette petite garce en qui j'ai mis tant d'espoir. Si chaque phrase me coûte de réciter tous les bréviaires de grammaire que j'ai eus en ma possession (et Dieu sait que j'aurais aimé en avoir un aujourd'hui dans ma poche !), tant le bon usage de ta langue est savant et délicat, sache que je jouis en t'écrivant du même plaisir que celui que j'ai eu à lire les auteurs que tu lisais, ou du même plaisir que celui que tu éprouvais sans doute, si tu écrivais, en pensant que peut-être un jour je te lirais.

5

Les chiens sont nos maîtres. Nous les suivons fidèlement, admirons leur flair sans faille, leur agressivité sans pitié. Comme nous, ils ne s'agrègent en meute bruyante que pour attaquer le gibier. Ensuite, la curée passée, ils se dispersent et s'ignorent avec morgue. Sexuellement : jamais deux fois avec la même chienne — sage attitude. Oui, le peu de fidélité qui nous reste, nous le donnons à nos chiens. Nous sommes fiers de les servir. Nous vivons attachés à eux, tenus en laisse. Nous les suivons partout, marchons dans la poussière de leurs pas, brossons leurs poils, décrassons leurs griffes, préparons la pâtée et veillons à ce qu'ils ne manquent pas d'eau. Il n'est pas bon de les voir tirer la langue. Avant les périodes de chasse, nous les affamons pour les rendre plus mordants. Nous ramassons leurs crottes encore fumantes pour vérifier qu'elles ne sont pas infectées par des oxyures ou des ténias. Sentir la chaleur et la mollesse de leurs étrons dans la paume de la main est un privilège qui nous dédouane de bien des tristesses. Nos propres fientes n'appellent jamais tant de soins. Qui s'en soucierait d'ailleurs ?

De toutes les particularités canines que nous admirons, celle que nous leur envions le plus est précisément la canine. Ce qui, chez eux, tient tout à la fois du fer de lance et du crochet de boucher n'est plus, chez nous, qu'un appendice arrondi aux formes élimées de bête qui mâchonne des raves pendant des heures avant de pouvoir les avaler, sans compter que la plupart d'entre nous naissent avec les chicots déjà cariés. Nous chassons le gros gibier pour le plaisir de chasser, cependant nous ne le mangeons pas. Malgré nos mâchoires imposantes, féroces même, nous ne parvenons à broyer que de minuscules campagnols, des oisillons tombés trop tôt du nid, des insectes. Nous grignotons chenilles vertes, cafards, punaises, mais, le plus souvent, pour ne pas trop solliciter nos dents douloureuses, nous nous contentons de sucer des limaces ou de gober des œufs de linotte.

Si nous nourrissons nos chiens, nombre de bestioles se nourrissent de nous. Toujours un mulot dans une jambe de pantalon pour lécher nos écorchures et nous débarrasser de nos croûtes. Quand on se secoue un peu fort ou quand on éternue, c'est tout un zoo domestique — rongeurs, sangsues, carapates, larves — qui tombe à nos pieds. Inutile de ramasser cette faune parasitaire, elle regagne son logis toute seule, attirée par la chaleur humide et nauséabonde de nos replis.

Pourquoi parlais-je des chiens?... Je ne sais plus... j'ai perdu le fil. Il fut un temps où, pour ordonner mes pensées, je m'aidais d'une cordelette en faisant des nœuds plus ou moins espacés. C'est une bonne méthode. Hélas, j'ai perdu ladite cordelette. Peut-être me l'a-t-on volée, ou l'ai-je employée à autre chose, quelque chose que je devais sûrement nouer ou étrangler. Je pourrais user d'un de mes lacets de godillot, j'y ai songé, mais je ne veux pas prendre le risque de me retrouver pieds nus sur ce sol boueux. Et puis, avec un lacet, un simple lacet de godillot, parviendrais-je à classer mes idées avec autant de rigueur ?

Alors que nous n'avons pas de nom propre, pas même un matricule pour nous identifier tant nous sommes interchangeables, je lui avais cherché un nom, mais j'étais demeuré bien perplexe devant toutes les déterminations implicites que portaient en eux ces petits vocables qui devenaient ensuite pour la personne un attribut inséparable d'elle-même. J'avais compris que ces noms imprimaient leur marque dans toute l'existence de ceux qui les portaient. Aussi ne voulais-je pas lui attribuer à l'avance un nom pris au hasard dans l'exemplaire de l'Almanach Vermot que j'avais récupéré parmi les vestiges de la Grande Bibliothèque, préférant attendre que ce qui la désignerait pour le restant de ses jours jaillît de notre rencontre. Après l'avoir traînée jusque dans mon antre, je l'avais longtemps observée. Elle était si sale que j'avais tout d'abord songé à l'appeler Cendrillon. Mais quand cette petite sauvageonne était revenue à elle, sa barbarie native semblait mieux s'accommoder de Barbara ou de Barberine que d'un nom évoquant la cendre. Une fois son corps nettoyé de toute la crasse qui la souillait, une fois sa tignasse débarrassée des épines et des vrilles entortillées dans les longues mèches de sa chevelure, j'avais songé à Bianca ou Albane à cause de l'ivoire de sa peau, ou encore à Brune à cause de ses cheveux aux reflets d'acajou sombre. Après quelques jours, sa nature animale s'était laissé un peu apprivoiser, mais pas au point que je pusse la nommer Douce, Clémence ou Angélique. J'avais aussi songé à Cornelia, en raison des petits cris perçants qu'elle poussait, pareils à ceux d'une corneille. En revanche, j'avais d'emblée éliminé Dolorès, trop douloureux. Séverine, trop sévère. Gloria ou Victoire, trop vaniteux. De même, Virginie me semblait offrir pour une humaine un destin d'une pureté bien aliénante qui l'aurait privée par avance des joies de son sexe. Félicie ou Félicité était certes enviable, quoique difficile à assumer les jours d'affliction. Fantine était charmant et malicieux, un brin taquin, mais — sainte horreur ! — quand j'avais lu que le mot *infante*, duquel il dérivait, provenait du latin *infans*, « celle qui ne parle pas », j'avais aussitôt considéré que c'était le pire de tous les noms — un nom qui l'aurait condamnée à piailler et gazouiller pour le restant de ses jours ! En revanche, Ondine m'avait bien plu à cause de tout ce qu'il y avait d'ondulant et d'ondoyant dans sa manière insinuante de se mouvoir, de tourner autour des meubles, d'envelopper les objets ou de s'esquiver avec la fluidité d'un courant d'air. Quant à Lili, qui dérivait peut-être de *lilium* ou de *lis*, ce nom me plaisait pour sa légèreté. Avec ses deux petits coups de langue sur le palais, sa syllabe liquide redoublée, Lili m'avait évoqué Lalie, diminutif d'Eulalie, « celle qui parle bien ». Lalie serait bavarde et volubile. Lalie n'aurait pas sa langue dans la poche.

À peine lui avais-je trouvé un nom que je songeai qu'il serait bon, dès qu'elle commencerait à parler, de lui apprendre à nommer les animaux, les plantes, les mousses, les roches, à les distinguer, les regrouper par famille, à nommer chacune de leurs parties, la nuque et le râble, le gland et l'étamine, la doline et la crête. N'était-ce pas, dans l'antique religion du Livre, la première chose que Yahvé avait demandée à Adam et Ève : nommer les bêtes, les plantes, les pierres ? Sans nom pour les désigner, comment Lalie pourrait-elle devenir sensible à la variété du monde, à la diversité de ses formes, de ses espèces ? Mais l'entreprise m'apparaissait presque insurmontable, car, ici, tout est noyé dans une ignominieuse mélasse. Tout est marqué par la pourriture, la décomposition — le Grand Caca. Rien ne se distingue vraiment de la poisse générale. Le seul tableau que nous connaissons est celui du désastre, et, à force de vivre dedans, nous n'avons de goût que pour lui. Nous ne sommes jamais tourmentés par le regret de ce que nous n'avons pas connu. Les champs d'herbe grasse parsemés de boutons d'or et de pissenlits, que traversent de riants ruisseaux bordés de menthe fraîche et ombragés de saules, nous laisseraient indifférents. Pis, nous ne les aimerions même pas, tant la vue du vert nous écœure. Le parfum de la chlorophylle révulse nos constitutions habituées à respirer les miasmes et les suies. Qu'une fleur tente de se frayer un chemin entre deux cailloux, aussitôt un pied l'écrase. Le règne végétal est proche de l'extinction. La friche dans laquelle nous vivons, rançon de notre fureur millénaire, ne compte plus que des arbres calcinés, torturés par la foudre, quelques tubercules malingres et des épineux, principalement des ronciers, les seuls qui résistent au milieu des caillasses mazoutées, des blocs de béton pulvérulent et des pieuvres de fils électriques qui partout jonchent le sol. Les rivières ne sont plus que des eaux mourantes dans des ornières. Notre biotope est un vaste dépotoir. Nous n'aimons les forêts que réduites en cendres ou décomposées à l'état de tourbe. Partout la saleté et la confusion règnent. La chape de pollution qui nous protège du rayonnement solaire possède mille et une teintes qui, hélas, vont du noir de fumée au noir de jais, avec ici ou là des nuances de crassier. Et, parfois, quand nous croyons contempler le ciel, ce n'est qu'une nuée de corbeaux hurlants qui déchiquette le firmament. La dernière apparition du soleil remonte à la fin du vingt et unième siècle, avant la nuit des temps. Le soleil ne nous manque pas, nous ne l'avons jamais vu. Il n'est qu'un mot éteint dans nos bouches. De toute façon, le regarder en face était paraît-il impossible. Depuis que l'atmosphère s'est opacifiée, des millions de poèmes chantant l'aurore aux doigts de rose, l'éclat de l'astre au zénith ou le clair de lune ont basculé dans le monde des légendes. La féerie de l'arc-en-ciel — cette arche lumineuse qui reliait l'homme à ses rêves — appartient désormais aux fables. Mais, ici, personne ne s'en offusque. La nuit s'est étendue sur toute chose, une nuit sans étoiles et sans profondeur. Nous ne croisons jamais notre ombre. Nos corps blafards qui luisent d'une molle fluorescence au milieu des ténèbres sont aussi évanescents que des fantômes. Et, en dehors des moments qui précèdent les périodes de rut, où la chaleur infrarouge de nos sexes turgides apporte une touche colorée à cet anémique tableau, tout est plongé dans la mouise. Comment parviendrais-je à apprendre à Lalie à nommer ce qui ne se distingue plus ? Comment lui faire entendre d'autres mots que ceux du chaos ? Les mots sont faits pour isoler des fragments du monde, pour les détacher comme des silhouettes afin de les faire exister dans la conscience. De là m'était venue l'idée de constituer dans notre terrier un petit musée, un conservatoire où chaque chose aurait son nom.

6

L'entrée du souterrain où j'avais enfermé Lalie était dissimulée derrière une dalle de béton fracturée, sans doute un ancien mur de refend qui avait basculé, et dont l'une des faces était carrelée de céramique blanche. Un étroit tunnel, sinueux et pentu, permettait de pénétrer à l'intérieur. L'excavation principale, qui pouvait correspondre au sous-sol d'une ancienne habitation ou peut-être d'un entrepôt, était assez spacieuse, entourée de plusieurs renfoncements en forme de niche. Cette pièce aveugle, mais qu'éclairait un puits de lumière zénithale, avait une allure d'hypogée ou de mastaba. Rien de très accueillant. Tout était anguleux, carré, sec. J'en avais condamné l'entrée par une porte munie d'une serrure, que prévenaient plusieurs pièges. Je me méfiais de tout le monde, particulièrement de Mille-Pattes, une brute fourbe toujours vêtue d'une cotte trop grande, qui rôdait dans les parages, habile à mettre son mufle dans tous les trous qu'il rencontrait, et de quelques autres, comme le sinistre Plikropil, un pervers de la plus vile engeance, ou encore Tête-d'épingle, microcéphale imberbe, aux yeux globuleux, pire qu'une teigne, mais, peut-être, lui, avec un fonds d'innocence.

Une fois les abords du repaire sécurisés et camouflés par des broussailles, j'avais durant les mois précédant la capture de ma jeune pupille, dans un état de fièvre intense, aménagé l'intérieur. Je sculptais en creux le moule dans lequel elle prendrait forme. J'agissais déjà en maître, mais sans savoir encore de qui. J'avais réuni quelques objets, une table et des chaises trouvées à proximité du repaire, un fauteuil crapaud boiteux, deux paillasses pour dormir, des peaux de bête, un poêle en fonte qui m'avait valu un tour de reins, une cantine, de la vaisselle, des bougeoirs... Je tenterai, pour mémoire, d'en dresser la liste un peu plus loin. Pour leur agencement, je m'étais inspiré, autant que faire se pouvait, d'images tirées d'un ancestral magazine de décoration, *Marie-Claire Maison.* C'est peu dire que j'avais composé un petit meublé douillet, du meilleur goût antique, même si j'avais été déçu d'apprendre que les crapauds allaient toujours par paire. Je m'étais aussi employé à peindre sur les parois un arc-en-ciel, dont j'étais très fier, qui faisait le tour de la pièce. Enfin, sur le linteau de la porte d'entrée, côté intérieur, j'avais suspendu un panneau en tôle émaillée, déterré sous un monceau de gravois, et sur lequel était écrit, en grosses lettres noires sur fond blanc, encadré d'un filet rouge : LA GARENNE-COLOMBES, panneau qui était devenu l'enseigne de notre habitation. J'avais surtout construit des étagères, et les avais garnies des livres récupérés dans les décombres de la Grande Bibliothèque, située à deux jours de marche. Il y avait là des centaines de milliers d'ouvrages sur les sujets les plus variés. Beaucoup étaient abîmés. L'humidité en avait parfois cloqué les pages. J'avais dû traiter les moisissures, les mouillures, les rousseurs, restaurer les images dont les couleurs étaient passées, et, pour maints ouvrages, confectionner une reliure de fortune. Certains étaient incomplets ou à demi mangés par des insectes bibliophages, psoques ou vrillettes, qui y avaient creusé leurs galeries. J'avais également placé dans notre terrier deux corbeilles pleines de vêtements. Les premiers jours, Lalie refusait de s'habiller. Elle se traînait par terre, mangeait la tête dans la gamelle, lapait l'eau du bol, reniflait ses crottes qu'elle essaimait dans toute la pièce. Dès que je l'approchais, elle poussait des cris farouches de bête qu'on ébouillante. Cette petite sauvage, qui sentait déjà la femelle, prenait toutes sortes de poses inconvenantes. Je détournais les yeux et lui intimais l'ordre de croiser les jambes en ma présence. Il m'avait fallu beaucoup de patience et bien des ruses pour arriver ne serait-ce qu'à la faire s'asseoir sur une chaise. Le soir, quand je m'approchais pour déposer un baiser sur son front, comme je l'avais vu faire sur une illustration d'un livre intitulé *En famille*, pensant que c'était là mon devoir, elle ouvrait la bouche, émettait d'horribles rots, suivis de ricanements, ou bien grinçait des dents. Après des mois d'obstination, j'avais réussi à lui inculquer des rudiments de savoir-vivre : ne pas tenir sa fourchette comme un poignard, rajuster un corsage, plier sa serviette et la glisser dans le rond en bois que j'avais gravé à son nom. Ce n'était qu'en recourant à des privations, ou en n'accédant pas tout

agressons quand les autres rient ou agressent. Chaque fois qu'une pensée nous vient, n'étant pas différents des autres, nous pouvons affirmer sans risque de nous tromper que nous lisons dans leur pensée. Mais la cohésion de la bande, sa viscosité native, n'en demeure pas moins mystérieuse. Pourquoi restons-nous agrégés ainsi ? Quelle communauté d'intérêts avons-nous ? Assurément, la vie en meute présente des avantages. L'alliance fait la force. Mais la vie en meute présente surtout des inconvénients. Elle rend difficile la quête de nourriture pour autant de bouches à la fois. De plus, elle nous signale aux prédateurs qui se délectent par avance de voir, concentré en un même lieu, un aussi joli assortiment de viandes fraîches. Enfin, la promiscuité nous rend plus vulnérables aux parasites et aux épidémies qui déciment nos rangs, sans compter les rixes et les duels dus aux inévitables troubles de voisinage. Je suis porté à croire — mais je suis prêt à réviser ma théorie — que la seule raison valable de rester agrégés ainsi est le plaisir que nous avons de nous entretuer. Sur qui pourrions-nous décharger notre rage mortelle si nous vivions isolés ? Certes, quelques-uns, très rares, poussés par un reste d'esprit chevaleresque depuis longtemps passé de mode, préfèrent abattre des troncs d'arbre plutôt que des congénères, taper du poing sur la table plutôt que de l'écraser sur la figure d'un insolent. Mais ces détournements ont leur limite. Un tronc d'arbre ou une table ne crient jamais : *Pitié ! Pitié !...* Pour mon compte, je m'accommode fort bien du silence quand il s'agit de passer mes nerfs, avec l'avantage, non négligeable pour ma tranquillité, de passer aux yeux de mes semblables pour un simple d'esprit qui règle ses comptes avec un tronc d'arbre ou une table.

Si Mentor n'existe pas, il faudrait admettre que je me suis constitué prisonnier tout seul, ce qui, me connaissant, n'est pas exclu. À la faveur de cette hypothèse, je note que l'on m'ignore ou feint de m'ignorer depuis que je suis enfermé entre ces quatre murs. Certes, il y a la chaîne, mais ce ne serait pas la première fois que je me retrouverais — passez-moi l'expression — enchaîné à l'une de mes marottes. Les souris et les insectes qui grouillent ici suffisent à ma nourriture, qu'agrémente un peu de mousse raclée le long des plinthes. L'eau suinte du plafond. J'ai tout ce qu'il faut pour vivre. Une chose est certaine, je suis seul. Seul et coupé du monde. Cependant, mes antennes captent tout. Nombreux sont les bruits qui me parviennent par les fissures des parois : la chute d'une pierre, le friselis d'un insecte, le râle d'une chienne en chaleur. Et pas seulement les bruits du dehors. Lorsque, la nuit, le silence envahit ma cellule, ma tête se remplit de murmures. J'entends la voix de ma petite pie, j'entends son rire, quand, pour la première fois, après des mois de mutisme, elle avait répété après moi : *Un chasseur sachant chasser sait chasser sans son chien…* Je me souviens de son étonnement d'entendre le son de sa propre voix. Je la revois encore fixer son regard dans mes yeux et, d'un geste de la main, me demander s'il y en avait d'autres, des phrases comme celle-là, des phrases qui jouent dans la bouche et amusent la langue. J'en savais quelques-unes : *La pie niche haut, l'oie niche bas, où niche l'hibou ?* Ou bien : *Qu'a bu l'âne au lac ? L'âne au lac a bu l'eau.* Ce sont les premières phrases que ma Lalie avait prononcées. J'en avais les larmes aux yeux. Le sens lui importait peu. Elle en retournait les mots dans sa bouche. Une sucrerie qui régale les papilles. Par la suite, il y en avait eu beaucoup d'autres que je glanais dans mes lectures, comme : *Zazie causait avec sa cousine en cousant.* Et puis, des locutions comme : *Poche plate, plate poche,* ou : *Si la scie qui scie la scie est la scie qui scie la scie...* qu'elle s'entraînait à répéter de plus en plus vite jusqu'à la confusion qui déclenchait son rire — une ribambelle de clochettes qui tintinnabulaient dans sa jeune gorge. Il y avait eu ensuite les chaînes de mots : *J'en ai marre, marabout, bout de ficelle, selle de cheval...* Ou bien : *Tu m'épates, pattes de mouche, mouche à miel...* À partir de là, tout était allé très vite. Les mots jaillissaient de ses lèvres. Moi qui n'avais pas cessé de lui parler, de lui lire et relire des histoires, même quand elle semblait n'y prêter aucune attention, voire quand elle se bouchait les oreilles, je découvrais qu'elle avait tout enregistré. Avec une mémoire stupéfiante, elle récitait les contes que je lui avais lus des mois auparavant, elle les connaissait par cœur. Quand je l'observais à son insu, elle se parlait à elle-même, s'enivrait de ses propres paroles. Elle ressassait des comptines en sautillant sur un pied. Ou bien elle serinait sans fin des calembours : *le tort tue, la mort rue, la rue meurt, la mousse tache, l'os pisse, la pisse tache, la mare mite.* De l'indifférence coite dans laquelle elle s'était enfermée le jour où je l'avais enlevée, restant le plus souvent prostrée dans un coin de notre terrier, indifférence dont elle ne sortait par moments que pour me montrer ses dents aiguës ou me tirer la langue, elle était devenue enjouée et bavarde. La silencieuse et pâle chrysalide avait mué en papillon volubile. Une vraie pipelette ! Parfois, devant moi, elle reprenait son air de carlin boudeur, pour la forme. Elle me reprochait d'être un tyran — ce que je lui concédais volontiers —, ou me traitait d'« apprenti bourreau », tout en venant appuyer sa joue contre mon épaule.

Au début, je n'y avais pas prêté attention, mais quand Lalie s'adressait à moi, elle produisait une sorte de feulement doux, quelque chose comme *fiiii... fiiii...* Puis je m'étais rendu compte qu'elle imitait ma manière de souffler, sorte d'expiration sonore que je produis chaque fois que j'effectue une tâche qui exige un peu de concentration et qu'accompagne un froncement de sourcils. Lui demandant pourquoi elle m'imitait ainsi, elle avait répondu que c'était pour me nommer quand elle s'adressait à moi. J'avais en effet pensé à lui donner un nom, mais pas à m'en donner un. Depuis, Fifi est mon nom. C'est elle qui m'a nommé la première. D'avoir reçu un nom a été une seconde naissance, ou plutôt une incarnation dans un être différent, dont je mesure à peine les conséquences. Presque un changement d'espèce. Lentement, j'avais redressé l'échine. Mes mains avaient cessé de traîner par terre. Et mon dos s'était creusé, formant une cambrure au niveau des lombes qui fait encore aujourd'hui toute ma fierté. Je me demande bien qui de l'homme ou de la parole a engendré l'autre.

La deuxième photographie du coffret était abîmée. La matière du carton était friable, déchiquetée sur l'un des bords, laissant voir à plusieurs endroits le décollement de la surface sensible, ainsi que d'anciennes auréoles d'humidité. Une bordure blanche cernait l'image, aux quatre coins de laquelle se voyait un trou d'épingle. La photographie avait été prise dans une vaste salle, ornée de corniches et d'une rosace au plafond, d'où pendait un lustre à pampilles. Les murs étaient revêtus de lambris surmontés de tableaux. Le parquet était à chevrons, point de Hongrie. Neuf personnes se tenaient debout, serrées les unes contre les autres, cinq hommes, quatre femmes, ainsi qu'un enfant placé au premier plan qui jouait avec un caniche à poils blancs, caniche dont la moitié postérieure était entièrement rasée, à l'exception de l'extrémité de la queue, taillée en boule — une coupe qui lui donnait une allure de petit lion à forte crinière et nez pointu. Les figurants étaient habillés dans des styles très divers. Celui qui était au centre était tout vêtu de noir, le visage émacié avec un air de grand ténébreux. Celle qui se tenait à sa droite, petite et blonde, montée sur deux sabots, portait un haut clair et un pantalon qui godait en vis de pressoir. Une autre, à sa gauche, filiforme, arborait une salopette rayée. Tous avaient pris la pose et regardaient le photographe, sauf l'enfant qui jouait avec le chien. Au-dessus de chacun d'eux, semblable à une petite antenne piquée au sommet de la tête, un trait vertical dessiné à l'encre noire était surmonté d'un nom. De gauche à droite, on pouvait lire : *Bernard*, *Jean-Michel*, *Christian*, *Edwige*, *Daphné*, [nom illisible], *Niki*, *Gilles*, *Annette*. Le nom de l'enfant, un blondinet à tête de baigneur, était écrit en bas de la photo : *Odilon*. Celui du chien, *Saxo*, également. À bien regarder le cliché, les deux personnages situés au centre, Daphné et le grand ténébreux dont le nom demeurait illisible, étaient les mêmes que ceux figurant sur la première photographie. Ce cliché était le préféré de Lalie, à cause du caniche à demi tondu. Elle s'était mis en tête de plumer Loulou, sa poule noire, de la même façon.

⋆

Liste des objets que j'avais initialement récupérés pour l'agencement de notre terrier (par la suite, ma jeunette avait exigé bien d'autres objets, le plus souvent inutiles, dont elle seule serait capable d'établir la liste) :

2 paillasses garnies, l'une de balles de blé, l'autre de cosses de pois
1 courtepointe en serge, doublée de bougran
5 draps de chanvre
1 peau de chow-chow
3 bâches en Polyane
2 couvertures en fourrure, l'une de chat sauvage, l'autre d'écureuil
1 tapis de sol en poils de bouc (poils synthétiques)
1 table en chêne
1 fauteuil crapaud auquel manque un pied
1 chaise longue
3 chaises de jardin en fer
1 escabeau pliable
1 cantine métallique
1 huche

1 tinette dévolue aux basses servitudes de la digestion
1 poêle à bois en fonte
1 pince à feu
3 chandeliers baroques
2 lampes à huile
1 bonbonne pour stocker l'huile de lampe
2 chaufferettes en métal
1 cocotte en fonte émaillée avec son couvercle, Le Creuset
1 brega pour casser les bogues de châtaigne
5 écuelles en aluminium
1 poêle à frire
2 jattes pour terrine
1 carafe en verre
1 chope de bière Amstel
3 verres de la marque Duralex
4 bidons en PVC de 25 litres chacun, avec bouchon à vis
1 fût de stockage
1 bassine en zinc
2 seaux en plastique bleu
1 grand baquet ovale
2 coupes en métal poli
2 bannes en fer-blanc
1 louche
7 couverts en inox
1 brosse à carder en peau de hérisson

7

Ici, alors que tout autour s'étendent de vastes landes désertées, nous vivons entassés les uns sur les autres dans une promiscuité étouffante. Nous marchons sur les pieds de nos voisins, inspirons l'air qu'ils expirent, fouillons avec nos langues entre leurs dents pour leur retirer le pain de la bouche. Quelques-uns, au prix d'efforts remarquables, tentent d'introduire entre eux et leurs voisins un intervalle afin d'élargir l'aire où s'ébattre, mais aussitôt, et sans même qu'il soit possible de voir d'où vient l'intrus, l'un de nous remplit l'espace laissé vacant. Les plus solitaires, mus par une réaction égoïste provenant des couches les plus ancestrales du cerveau, usent volontiers de répulsifs pour agrandir la distance qui les sépare des autres. Ils se bourrent les poches d'œufs pourris, d'excréments de putois, renoncent à toute forme d'hygiène, exhalent leur haleine fétide à la face de leur prochain, laissent traîner autour d'eux des effets personnels souillés et, le soir venu, s'endorment d'un sommeil aussi répugnant que bruyant. Cette attitude abjecte, incompatible avec la vie collective, est celle que j'ai adoptée depuis longtemps, même si ma vie avec Lalie avait ouvert une gracieuse parenthèse dans cette existence de misanthrope.

Toute souillon qu'elle était en arrivant dans notre logis, Lalie n'était pas dénuée du souci de soi. Elle passait du temps à se lécher les doigts, à se frotter les yeux avec ses petits poings ou à se racler les omoplates contre un pied de table. Elle s'ébouriffait en agitant la tête comme une impétueuse cavale, rongeait ses ongles de pied, ou encore reniflait son corps en faisant palpiter ses narines. Quand nous pouvions récolter suffisamment d'eau de pluie par l'ouverture zénithale, elle aimait barboter dans le baquet ovale — sa grenouillère —, tout en faisant remonter du siphon de la gorge, au milieu des bouillons d'eau et des plantes odorantes dont elle assaisonnait son bain, des gargouillis de bien-être. Elle s'observait longuement, voulait connaître le nom du moindre pli, de la moindre fossette, de la plus petite saillie cutanée. Sa curiosité sensuelle s'avivait de tous les mots dont elle enveloppait sa nudité. Les mots se faisaient éponge pour la frotter, savon pour la laver, serviette pour l'essuyer. Certains mots avaient pour elle le grain fin et soyeux d'une joue d'enfant, d'autres la rudesse calleuse d'un talon ou encore l'aspect vitreux du globe oculaire. Lalie s'enchantait de leur variété. Elle avait un faible pour le *tragus de l'oreille*, jouait avec son *pli palmaire*, s'égayait du *creux poplité*, mais elle n'aimait pas prononcer certains mots, comme *épigastrique*, qui, disait-elle, lui laissaient un mauvais goût dans la bouche.

Cent fois par jour, elle me demandait : « Et ça, et ça ? Ça s'appelle comment, ça ? » Parfois, je lui disais qu'il n'y avait aucun mot pour ça, qu'il n'existait pas un mot pour chaque chose, qu'il y en aurait eu trop, que l'on n'aurait jamais pu les retenir tous. Par exemple, qu'il n'existait aucun mot pour dire : *un-chien-à-courte-queue-qui-après-avoir-rongé-un-os-de-ragondin-s'enfuit-en-courant-sans-que-personne-le-remarque*. Pas plus qu'il n'y avait de verbe pour dire : *regarder-dans-le-garde-manger-s'il-y-a-de-quoi-se-dégoûter-d'avoir-faim*. Mais si les mots étaient en nombre limité, ils étaient capables d'agir les uns sur les autres et, avec seulement une poignée d'entre eux, on pouvait rendre compte d'une infinité d'idées. Il suffisait de les associer, de les combiner, de jouer avec. Leur rareté était d'ailleurs un avantage, car c'eût été un grand embarras de posséder plus de mots que d'idées. Parfois, quand elle était en colère, ou trop pressée, elle montrait une particulière aptitude à la glossolalie. Des torrents de sons inintelligibles, mais non dénués d'intonations, fusaient en tous sens. Elle éructait des syllabes, ou bien me jetait à la figure des paquets de mots agglutinés : *lalieteditqu'elle enamarred'être enferméeicià tournerenrond marreaussid'êtredans cetrouàratsobligéedeliretous cesbouquinsinutilesquin'intéressentpluspersonne deplustum'énerves parcequetunecomprendsrien dutout*. Je lui répondais sur le même ton. La discussion s'envenimait. Les cris prenaient le dessus. Nous en venions aux mains. Elle finissait par accepter de détacher les mots et de les placer dans le bon ordre. *Lalie mange une limace* n'a pas le même goût qu'*une limace mange Lalie*. Sans oublier de poser quelques signes de ponctuation, car, si elle voulait protéger Loulou, sa poule noire, mieux valait employer correctement les virgules. *Lalie* (virgule) *plume à la main* (virgule) *sa poule sur les genoux* sent moins la marmite que *Lalie plume* (virgule) *à la main* (virgule) *sa poule sur les genoux.*

Il avait fallu aussi lui apprendre à substituer à *Lalie* le mot *je.* À ne plus dire *Lalie veut boire*, mais *je veux boire.* Drôle d'invention qui faisait entendre que celui qui parlait était en même temps celui qui désirait, agissait ou rêvait. Aussitôt la phrase, semblable à un vêtement qu'on enfile, devenait habitée de l'intérieur par celui qui la prononçait. Jusque-là, les quelques phrases qu'elle employait n'avaient pas de voix propre. Dire *la soupe est chaude* ou *la bûche tombe* n'émane de personne. Elle m'avait demandé d'où venait le *je* quand elle le prononçait, s'il logeait quelque part en elle, en un point précis, par exemple dans le nombril, ou si, au contraire, il provenait de toutes les parties réunies du corps, sa tête, son ventre, ses hanches, ses mains, son sexe, ses aisselles. Et, si oui, que se passait-il si une partie n'était pas d'accord avec les autres ? Pouvait-on continuer à dire *je* ? Elle me le demandait sans malice. Je lui disais qu'elle avait raison, que ce petit pronom miracle n'était pas toujours facile à employer, qu'il arrivait, par exemple, que la tête dise « oui », mais que les jambes disent « non ». Par ailleurs, certains organes avaient une fâcheuse tendance à la mutinerie, et prenaient un vif plaisir à se manifester sans qu'on leur demandât quoi que ce soit. Mais, le plus souvent, on pouvait quand même dire *je*, car il existait de nombreux mots susceptibles d'introduire une nuance, des mots comme *mais* ou *néanmoins* qui montraient que nous n'étions pas faits tout d'un bloc. Ces petits mots qui apportaient une restriction ou une concession facilitaient beaucoup l'estime de soi.

Saxo, le caniche de la photographie, était devenu son idole. Elle en avait découpé le contour dans un carton qu'elle avait épinglé au-dessus de son lit. Elle s'entretenait avec lui durant des heures, jugeant Loulou bien trop sotte pour participer à leur conversation. Au début, c'était Zaxo par-ci, Zaxo par-là, car ma petite bavarde avait un cheveu sur la langue. Lorsque je cherchais à la corriger, en faisant siffler devant elle le « s » derrière les dents, elle rétorquait : « Z'est pas ma faute zi les mots font les zouaves zur ma langue. » Son zézaiement avait rapidement disparu, mais elle avait longtemps conservé le goût des liaisons fautives, faisant glisser les phrases sur du velours. *Cinq-z'enfants. Il-est-z'ici. Vingt-z'oiseaux.* Elle disait un *zarbre*, un *zalligator*. Et quand ce n'était pas un « z », c'était un « t ». *Il-a-bu-tun-verre-d'eau. Je-ne-sais-pas-tà-qui-est-ce.* Je lui reprochais ces patafouillis et autres gamineries orales. Mais, demandait-elle, si pour des raisons de sonorité on glisse un « t » dans *viendra-t-il*, pourquoi *il viendra-t-illico* serait-il fautif? Comme on le voit, ma petite raisonneuse ne manquait pas de sagacité, toutefois je me garderai bien d'insister, car ceux qui rapportent les traits d'esprit et les bons mots de leur progéniture, prenant le moindre rot pour un apophtegme sublime, passent pour d'indécrottables bêtas, raseurs de surcroît.

La femme visible sur la troisième photographie était nue, entièrement nue, le sexe offert, son échancrure bâillant sous une toison réduite à un triangle effilé. La jambe gauche était repliée, la droite pendait au bord du lit, la pointe du pied effleurant le sol. Un amas de linge et de dentelle traînait par terre. Le corps était basculé en arrière, les épaules reposant sur un oreiller à fleurs. Dans un mouvement plein de grâce qui prolongeait la coulée blanche de son buste, le bras droit fléchi derrière la tête découvrait la conque d'une aisselle épilée, tandis que l'autre bras, dans une attitude qui évoquait un geste de pudeur, était ramené sur les seins, les pressant l'un contre l'autre, cachant les mamelons. Un fin collier de perles entourait la base du cou. Le visage, quoique empreint d'une grande douceur, s'imposait par la netteté ferme de son dessin. Les lèvres et les yeux étaient vraisemblablement rehaussés par des traits de maquillage. À l'exception de ses seins qu'elle semblait avoir voulu retrancher de son image, elle s'offrait avec un air de défi ou de triomphe, consciente du pouvoir que son corps exerçait sur le photographe. Elle était captée autant qu'elle captait. Le cliché, légèrement solarisé, corné dans l'angle inférieur gauche, présentait à sa surface des traces de doigt et même une tache, indiquant qu'il avait été souvent manipulé.

La quatrième photographie, comme la précédente, était un portrait, mais c'était celui d'un homme, un homme d'une trentaine d'années environ, les traits fins, le nez droit. Alors que le portrait de la femme montrait le corps dans son ensemble, celui-ci résultait d'un cadrage plus serré. Le corps, debout, était coupé au niveau de la ceinture. Seuls le torse et la tête étaient visibles, et encore, pas toute la tête, puisque la chevelure noire, abondante, bouclée, était comme arasée par le bord supérieur du cliché. L'homme était vêtu d'une chemise à larges carreaux sombres qui, par une sorte d'accord peut-être involontaire, ou bien tout au contraire recherché par le photographe, se détachait sur un mur couvert de carrelage blanc, l'ensemble formant deux grilles, dont l'une paraissait être le négatif de l'autre. L'homme était vu de profil, la tête inclinée vers l'avant. Il regardait avec une sorte d'attendrissement ému ce qu'il portait dans ses bras : un nouveau-né. Une main était glissée sous la tête de l'enfant. L'autre, sous le bassin. Mais la tendresse de la scène s'arrêtait là. Le visage de l'enfant offrait une expression horrible à voir : la bouche était déformée, asymétrique, le nez réduit à deux trous vides, l'un des yeux était fermé, l'autre crevé. Le poitrail éventré laissait voir l'intérieur de la cage thoracique et peut-être même les viscères desséchés. Le bras minuscule, le droit, le seul qui fût visible sur le cliché, avait une texture de papier mâché. Le corps du nouveau-né, noir, mat, charbonneux, comme calciné, contrastait avec les carreaux de faïence d'une blancheur clinique. Au-dessous de la photographie, figurait la mention : « J.-P. portant une momie péruvienne d'enfant. »

8

Au début, à cause de ses longues jambes, de son corps tout en courbes, de ses mains trop fines, de ses joues entièrement glabres, de son front droit sans la moindre arcade osseuse pour protéger les yeux, de sa chair lisse piquée de fossettes, j'avais trouvé Lalie laide, franchement très laide. Quelle différence avec un beau corps viril, sec, trapu, simiesque ! Et puis cette manière serpentine de se tenir debout, de se balancer en marchant me donnait le vertige. Tout cela était si étrange, si éloigné de ce que j'étais. Pourquoi, me demandais-je, une telle différence entre mâle et femelle ? Je voyais bien qu'il en était de même chez la plupart des animaux. Le pelage ou le plumage le plus coloré, la livrée la plus vive, la fourrure la plus abondante, les défenses les plus développées étaient toujours l'apanage des mâles. Les femelles, elles, étaient ternes et sans panache. À l'évidence, l'éclat de la beauté était du côté viril. Tant bien que mal, j'avais essayé de surmonter la répugnance qu'elle m'inspirait. Et puis, à force de la côtoyer, d'en prendre soin, de la nourrir, la laver, l'épouiller, je m'étais habitué à elle, et j'avais fini par ne plus voir sa laideur, et même commencé de lui trouver une forme de grâce. Il faut dire, à ma décharge, que je n'avais jamais vu une humaine d'aussi près. Mais la véritable raison de ma répugnance était sans doute autre. Ici, c'est l'opinion publique qui décide de nos goûts. C'est elle qui dicte ce qui est beau ou ne l'est pas. Elle est l'arbitre de ce qui plaît, et pas seulement pour mettre en valeur nos corps bruts et virils, mais aussi pour glorifier le monde dans lequel nous vivons. Régulièrement, nous allons en dévote procession contempler des blocs de béton éclatés, des fagots de ferrailles, des concrétions de bitume, mais également, projetées sur des parois ou sur le sol, des taches, des coulures, des flaques. Nous vénérons tout ce qui évoque la souillure ou l'excrément : la forme de l'étron, les pâtés coliqueux, les éclaboussures urineuses, les giclures rappelant celles du crachat ou du sperme. Oh ! je n'insinue rien, je ne suis pas apte à juger de toutes ces merveilles qui reflètent à la perfection notre monde ! Du beau et des couleurs, on ne discute pas. L'opinion publique décide, et c'est bien ainsi. Mais, au fond de moi, à mesure que je découvrais la grâce de Lalie, légère et entêtante comme une fleur de lis, aérienne comme les fils de la Vierge accrochés aux graminées, si inattendue et persuasive dans sa manière de se mouvoir ou de mimer une histoire avec les mains, à mesure que, la regardant sans préjugés, j'en délivrais la beauté prisonnière, je trouvais que nous, les mâles, étions les plus hideuses créatures de l'univers, et, aujourd'hui encore, je n'en démords pas.

Le monde court tout seul à sa perte, mais rien n'empêche de l'aider. Enrôlés dans les hordes du vandalisme généralisé, nous nous employons à accroître le désordre. Qu'un reliquat d'organisation ou un reste d'édifice subsiste, aussitôt nous le faisons voler en éclats. Place nette à la confusion ! Nous avons une vraie tendresse pour le chaos. Nous sommes des fabricants de vestiges, et nul fantôme ne vient hanter les champs de décombres que nous laissons derrière nous, car les lieux sont aussitôt vidés de toute âme qui vive, de toute présence, de toute mémoire. Nous-mêmes, fléau des cités, nous ne cherchons pas à connaître ce que nous anéantissons, encore moins à nous l'approprier. Seul ce que nous abandonnons pour toujours nous appartient. D'ailleurs, ce travail de destruction se poursuit sans nous. Les arbres se font la guerre, les buissons s'entretuent, les rochers se déchaînent contre les cours d'eau. L'inclémence des saisons fait le reste. Nous participons à la grande calamité, mais pour si peu en somme. Ici le progrès chemine, tantôt lent, tantôt rapide, mais toujours à rebours.

Je m'étais surpris depuis quelque temps, au péril de ma vie, à commettre des actes de résistance. C'est mon côté rebelle — séquelle d'une ancienne vie peut-être. J'étais devenu une manière de spécialiste en sabotage du désordre. Oui, je m'employais secrètement à réintroduire un peu d'ordre dans cet univers où tout est sens dessus dessous. Une pierre tombée, je la redressais. Trois cailloux épars, je les alignais. Quelques brindilles trouvées çà et là, je les classais de la plus petite à la plus grande, et les disposais, bien rangées, sur le sol. Parfois, c'était moins visible, mais plus perfide. J'orientais toutes les feuilles mortes que je rencontrais dans le même sens, peu importe lequel. L'essentiel était d'indiquer la même direction. Aligner des pierres, classer des brindilles, disposer des feuilles, c'était ma manière de créer des accords, de composer des rimes, de remettre un peu d'ordre dans les ruines herbues de notre civilisation.

Autre projet, mais d'une tout autre envergure, celui-ci. À l'aide d'aiguilles de pin, de graviers, de sillons creusés dans le sol, j'avais commencé de tracer en pointillé une ligne droite qui s'enfonçait dans notre jungle. Je prolongeais cet axe d'un côté et de l'autre — de plus en plus loin. Entreprise sans fin. Travail de géomètre exténuant. Il fallait enjamber des troncs pourris, franchir des crevasses, escalader des murailles croulantes, parcourir des champs d'immondices, traverser des mares de gadoue qui aspirent un homme en moins de temps qu'il n'en faut pour gober un œuf d'étourneau, et, tous les vingt ou trente pas, fermer un œil, ouvrir l'autre, effectuer une visée, vérifier l'alignement, pratiquer une incision sur une pierre ou une écorce. Je m'employais à donner une colonne vertébrale au chaos, à transformer cette sinistre friche en terre civilisée. Les zones vierges, dès qu'elles sont traversées par un méridien, ne sont plus tout à fait vierges. Les accidents s'ordonnent, la confusion cesse. Ne croyez pas qu'il soit aisé au milieu de la désorientation générale de choisir un axe de référence. Au début, il y va forcément de l'arbitraire, mais qu'importe, c'est le socle à partir duquel tout devient possible : sentier, route, pont, palais, cité, empire. On ne s'étonnera pas d'apprendre que cette ligne directrice coupait le lieu où je gardais la petite, qui en était l'épicentre joyeux. Et pour marquer ce point par lequel passait le méridien de La Garenne-Colombes, j'avais planté sur le faîte de notre repaire un piquet taillé en pointe, qui non seulement avait servi de mire pour effectuer les premières visées, mais qui faisait office de point d'origine. C'était — on me pardonnera la comparaison — notre observatoire royal de Greenwich.

Face aux mesquines aspirations de mes congénères, me livrer à une tâche infinie m'exalte. Tout se passe comme si j'accomplissais une obligation contractée dans une vie antérieure, comme si j'étais redevable à ce qui n'existe plus d'exister, à ce qui est perdu d'être retrouvé. Aligner, répéter, distribuer étaient des actions de grâces rendues à un monde que je n'avais pas connu. Je ne savais pas pourquoi je le faisais, mais je le faisais. Et je le faisais comme si je l'avais toujours fait. À mon échelle, ce travail ne prêtait pas à conséquence. Pourtant, quel changement ! Quelle transformation ! Au milieu du tohu-bohu général surgissait un événement remarquable, pareil au cri répété d'une chouette dans le silence de la nuit. Quelque chose se renouvelait avec régularité. Des pierres étaient alignées. Des sillons marquaient le sol. Des bornes se dressaient. Une ligne imaginaire, qui servait de référent, traversait l'affreuse confusion dans laquelle nous vivions. Le monde n'était plus une jachère indifférenciée, mais une étendue divisée en deux parties. Désormais, chaque chose se trouvait d'un côté ou de l'autre de cette ligne. Et, en partant de La Garenne-Colombes, qui servait de point zéro, elle pouvait être située dans l'espace par rapport à cet axe directeur. N'était-ce pas merveilleux ? Au milieu du désastre ordinaire, apparaissaient des terres qui n'étaient plus indéterminées, qui échappaient à l'entropie. Il devenait possible de s'orienter. La prétention du chaos de vouloir toujours s'accroître, de vouloir partout grignoter du terrain était mise à mal par ces petites touches d'ordre. Je jubilais de retarder, ne serait-ce que d'une demi-seconde, la fin du monde.

Parmi les livres que j'avais rapportés de la Grande Bibliothèque, il y en avait un, relié en maroquin rouge, avec un dos nervuré, les plats frappés de culs-de-lampe, orné de pages de garde en papier marbré, consacré à *La Théorie et la pratique du jardinage, où l'on traite à fond des beaux jardins, appelés communément les jardins de plaisance et de propreté, comme sont les parterres, les bosquets, les boulingrins*, écrit par un certain Antoine-Joseph Dezallier d'Argenville, avec le privilège du roi de France — une antiquité sur papier vergé que Lalie et moi prenions plaisir à regarder pendant de longues heures, tournant les pages raidies et craquantes avec une infinie précaution. On y voyait de magnifiques plans de jardins, dont les tracés semblaient être l'œuvre d'une main divine. Ce n'était que rinceaux, entrelacs, volutes festonnées et méandres développés en impeccable symétrie, tout cela réalisé uniquement avec des plantations, dessinant en creux un complexe maillage d'allées et de contre-allées où se promener. Admirable ordonnance ! Quelle noblesse que toutes ces figures héraldiques, ces fleurs de lis dessinées avec des plates-bandes ! La terre était blasonnée, écussonnée, marquée au fer végétal. Surtout, quel raffinement ! Vus à vol d'oiseau, ces jardins révélaient leurs savants et élégants dessins, mais le promeneur, lui, n'en voyait rien ou presque rien, contraint de marcher entre des buissons et des bosquets, ou de se perdre dans un labyrinthe de haies et de charmilles. Aussi, pour deviner la sublime trame de cette tapisserie végétale, devait-il s'imaginer en hauteur, adopter un point de vue céleste. Voilà qui obligeait l'homme à s'élever au-dessus de sa condition d'animal pédestre. Ces jardins étaient faits pour élever l'âme, pour l'exalter, littéralement pour la tirer vers le haut. Rien que d'y penser, en tournant les pages de cet ouvrage qui exhalait un parfum de verger et d'essence de fleurs de lin, nous nous sentions, Lalie et moi, arrachés à la terre. Nous nous sentions transportés dans un monde aérien de formes pures. Et, cependant que ma jeune disciple s'émerveillait de ces arabesques végétales, je me disais : quel heureux et noble ministère que d'être jardinier ! Voilà une mission à laquelle j'aurais aimé me consacrer. Ceux qui foulent, binent, ratissent, sarclent, bêchent, buttent, retournent l'humus duquel est tirée la matière vivante, ceux qui ont les bottes pleines de cette boue limoneuse et collante sont aussi ceux qui nous entraînent vers les plus hautes sphères de l'esprit. Car toute cette ordonnance géométrique, toutes ces symétries parfaites ne sont visibles que par notre œil intérieur. C'est une langue des signes qui ne parle qu'à l'imagination. Quel malheur, pour Lalie et moi qui vivons dans la pourriture, au milieu d'un empire de marécages fiévreux, de détritus et de ronces, de n'avoir jamais connu ces enclos où la nature était cultivée, magnifiée, où les pas du promeneur dans les allées étaient rythmés par les plus douces félicités d'une rêverie de la raison !

Autre aspect fascinant de ces scénographies végétales qui enchantait Lalie : l'art topiaire. Tailler les arbres, sculpter leur houppier, pour leur donner des formes de sphère, de cône, de cylindre, ou encore de vrille vissée dans le ciel, l'ensemble élégamment disposé au milieu de tonnelles et de treilles. Quel spectacle que ces arbres palissés en rideau ou taillés en voûte, ces ramures en espalier se dressant comme des candélabres, ces frondaisons tressant des corbeilles garnies de fleurs, ces pelouses déroulant leur tapis brodé de buis ! L'art topiaire avait le pouvoir de transformer une immonde friche en salon de verdure. Parfois même, certains artistes jardiniers sculptaient des ifs ou des charmes en forme d'animaux. Des arbres-cygnes, des arbres-lions, des arbres-sirènes, suggérant de secrètes correspondances entre les règnes. S'il n'était pas en mon pouvoir de réaliser un tel jardin, avec ses alignements tirés au cordeau, ses terrasses à niveaux successifs, ses quinconces et ses perspectives théâtrales, la taille de quelques buissons aurait été à ma portée. Je possédais un sécateur et une grande cisaille à bec de perroquet. J'aurais pu commencer par civiliser quelques-uns de ces minables arbrisseaux sauvages, tortus et scoliotiques, qui poussaient autour de La Garenne-Colombes, en les transformant en obélisque, en toupie ou en pyramide. Voilà qui aurait créé un poème végétal ! Un jardin d'idées ! Et Lalie aurait fait, à mes côtés, une excellente jardinière, d'autant plus qu'elle rêvait de tailler un buisson en forme de Saxo, le caniche de la photographie, avec son tronc à nu, son encolure touffue et sa queue taillée en boule.

9

Je lui avais appris à réciter des comptines, comme : *Am stram gram, pic et pic et colégram...* Ou encore : *Il était une fois, une marchande de foie, qui vendait du foie, dans la ville de Foix...* Aussitôt Lalie était tombée amoureuse des rimes, elle en mettait partout, même dans les *navets*, toujours *mauvais* quand on *en avait* ! Elle couvrait ses cahiers de poèmes, s'enivrait de ces répétitions sonores qui plaisent à l'oreille et qui donnent à la langue sa cadence. Elle collectionnait des bouts-rimés : *Au secours, os court. Dès demain, des deux mains. Lézard vivant, les arts vivants. Les rats passent, les rapaces.* Et d'autres phrases consonantes, beaucoup plus savantes, qu'elle avait dénichées dans notre petite bibliothèque :

Étonnamment monotone et lasse
Est ton âme en mon automne, hélas !

Et ma blême araignée, ogre illogique et las,
Aimable, aime à régner au gris logis qu'elle a.

Et, puisqu'elle aimait les rimes, nous avions entrepris de confectionner ensemble un petit bréviaire de grammaire tout en vers. La langue était notre jardin. Tailler des mots, notre art topiaire. Dès que je pouvais me soustraire aux obligations de la meute, je la retrouvais pour composer nos vers de mirliton, qui se gravaient d'autant plus aisément dans son esprit qu'elle en était la cheville ouvrière. J'en donne deux strophes pour ce qu'elles valent :

Quand le fier participe, sous sa forme passée,
Est uni au verbe être, il est toujours variable.
Il s'accorde au sujet, son beau maître embrassé,
En genre et en nombre, ce qui est admirable.

Avec le verbe avoir, cet accord est superbe,
Le complément d'objet, le direct seulement,
Si, dans une phrase, il précède le verbe,
Change le participe, tout naturellement.

J'avais moi-même appris à lire avec un vieil amoureux des langues mortes, un misanthrope, sorte d'aristocrate enfermé dans ses méditations et ses rêveries poétiques, que le petit cercle de lecteurs que nous formions appelait Domino, sans que lui-même répondît à ce nom. Il vivait reclus dans une ancienne casemate à demi ensevelie sous un éboulement de terrain. Il m'avait initié à l'alphabet, à l'assemblage des lettres qui composent les mots, au rôle que chacun d'eux joue dans la phrase : les noms pour désigner des personnes ou des choses, les adjectifs pour les préciser, les verbes pour signifier des actions, des intentions ou des émotions, mais aussi une ribambelle de petits vocables pour assembler ces mots et les articuler entre eux. Domino était grand consommateur de livres, toutefois il ne les collectionnait pas. Avec les livres, il était cannibale : il les dévorait après les avoir lus, mâchant les pages les unes après les autres, les avalant, les ruminant, les digérant. Il vantait l'ingestion du Verbe. Il disait qu'autrefois, dans la religion des Hébreux, le prophète Ézéchiel avait mangé le Livre afin d'incarner la parole divine. De fait, il incorporait les textes qu'il lisait, et les gardait vivants en lui, capable de réciter — je devrais dire régurgiter — Montaigne ou Bossuet par cœur. Un jour, il me tendit une liasse de feuilles et me dit :

« Allez, allez, ne sois pas réticent, viens partager mon repas, ouvre grande ta bouche et mange ces pages, elles sont bonnes pour toi ! Nourris ton ventre, emplis tes entrailles de cette prose ! Sa saveur possède la douceur du miel, et la satiété qu'elle procure est incomparablement plus profonde et durable que celle d'un vulgaire tubercule, lequel bourre l'estomac sans jamais combler la faim. Non, il ne faut pas seulement goûter la parole du bout de la langue comme tu le fais, mais la mâcher, la dévorer avec ferveur. Il faut se nourrir du pain de la lecture, mastiquer longtemps pour en tirer toute la sève, il faut sucer les mots jusqu'à la moelle. Allez, croque à pleines dents ! »

J'ai gardé de ces moments passés avec Domino le goût des mots. Mais surtout, je lui dois de m'avoir indiqué, au centre de la grande combe, à deux jours de marche de La Garenne-Colombes, la faille qui permettait de pénétrer dans la cavité où s'étendait, au milieu d'un monceau de pierres taillées et d'éboulis calcaires, un incroyable cimetière de livres. Dans cette caverne, se dressaient encore quelques élégantes colonnettes en fonte qui s'épanouissaient en leur sommet avant de disparaître dans la voûte, ainsi que des restes de pilastres incrustés de médaillons figurant des profils humains — sans doute des sommités de l'époque. Sur les parois, des lambeaux de fresques représentaient des frondaisons d'un vert tendre se détachant sur un ciel azuré que sillonnaient des hirondelles chasseresses. Çà et là, des rayonnages étaient encore visibles, croulant sous des amas de livres, entassés, comprimés, écrasés. La plupart de ces ouvrages, pétrifiés dans la masse, n'étaient plus que des reliques pierreuses devenues à jamais inouvrables. D'autres partaient en poussière dès qu'on les effleurait. Dans la partie la plus reculée de cette caverne livresque, sous un fragment de coupole ornée de guirlandes sculptées, s'ouvrait un diverticule difficile d'accès, au parcours labyrinthique, qui menait à d'anciens magasins encombrés de coursives métalliques, croûtées de rouille. On n'avançait qu'avec difficulté dans ces lieux obscurs et sonores, remplis de stalagmites de livres, dont beaucoup étaient encore intacts. On pouvait miraculeusement en feuilleter les pages. À peine avait-on posé son regard sur une ligne, lu quelques mots, quelques phrases, qu'aussitôt des images surgissaient de la nuit des temps. Des paysages s'étendaient comme s'ils étaient placés sous nos yeux. Des villes se dressaient le long de fleuves chargés de péniches, bordés de guinguettes. Des personnages s'animaient, leur voix muette depuis des siècles se faisait de nouveau entendre. Chaque livre était un monde en soi. Un infini sous forme finie. Voyage après voyage, j'avais rapporté des centaines d'ouvrages à La Garenne-Colombes. Au début, je ne les choisissais pas, prenant tous ceux qui n'étaient pas en trop piteux état. Les trier m'aurait pourtant épargné la tâche d'en convoyer d'inutiles, tel ce *Code de la route en vingt leçons*, ou bien cet *Annuaire téléphonique des compagnons charpentiers-couvreurs*, publié par la Fédération des artisans de France. J'avais également rapporté, trouvée parmi les débris qui jonchaient le sol, une petite cloche en opaline verte, intacte, qui devait servir d'abat-jour, et que j'avais, en la retournant, transformée en cuvette de lavabo. Je lisais tous les ouvrages que je récupérais, j'en recopiais les pages sur une ardoise. Au début, je ne comprenais pas grand-chose. Après quelques semaines durant lesquelles j'avais ânonné des centaines de pages, je commençais à saisir certains mots récurrents, certaines expressions, puis la syntaxe s'était lentement imprimée dans ma tête. J'apprenais des passages entiers par cœur. Au bout de quelque temps, je lisais couramment la langue française, mais sans toujours en saisir le sens, car il me fallait beaucoup d'imagination pour comprendre de quoi certains textes parlaient, tant le monde auquel ils se référaient m'était étranger. Que pouvaient bien vouloir dire des phrases comme celles-là ?

La lettre atteignit Michel en pleine crise de découragement théorique. Selon l'hypothèse de Margenau, on pouvait assimiler la conscience individuelle à un champ de probabilités dans un espace de Fock, défini comme somme directe d'espaces de Hilbert. Cet espace pouvait en principe être construit à partir des événements électroniques élémentaires survenant au niveau des microsites synaptiques.

De l'aplatissement ! Du compresseur à néant !... En voilà quand même un ! Et encore un !... Il respire un peu, apprécie, jouit, s'exprime, s'abat... Au suivant !... Dans vingt ans... Cinquante... Cent... Mille, s'il le faut... On est très pressé, et pas du tout, la continuité ne prouve rien, l'interruption règne... Quand on tient la verticale, on ne voit pas comment l'horizontale pourrait vous réfuter... Elle peut simplement empêcher, l'horizontale gonflable, que la plupart des corps se retrouvent en vous retrouvant dans la flamme...

Quand je demandais à Domino de m'éclairer au sujet de tel ou tel livre, tel ou tel passage, le plus souvent, il me répondait d'un simple signe de tête qui signifiait : « Continue ! Continue ! Tu comprendras plus tard. » Il considérait que seul ce que l'on comprend par soi-même se grave durablement dans la tête. Certaines expressions ou certains mots sont longtemps restés obscurs et, aujourd'hui encore, quelques-uns le sont toujours, comme *piquet de grève*, *téléréalité*, *minima sociaux* ou *transgenre*.

Une chose surtout m'échappait : la prononciation. Apprendre à lire était une chose, apprendre à parler en était une autre. Je n'avais aucune idée de la manière dont il fallait prononcer les mots. Sur ce point, Domino ne m'aidait pas beaucoup. S'il était grand bibliophage devant l'Éternel, il était aussi peu bavard qu'une pierre, et, quand il parlait, il parlait avec une voix blanche et trémulante de ventriloque. Rares étaient les phrases qui passaient la barrière de ses lèvres. Je le soupçonnais toutefois de faire exprès, car il pensait qu'un maître n'était pas là pour répondre aux questions de l'élève, mais pour qu'il s'en pose de nouvelles. Il mâchait ses phrases comme il mâchait ses livres, en silence. Or je ne voulais pas seulement apprendre à lire, je voulais apprendre à parler. Je voulais communiquer avec d'autres par des sons, je voulais pouvoir converser, même dans l'obscurité. C'est en lisant à haute voix des poèmes que j'avais commencé à articuler des mots, à les vocaliser. En comptant le nombre de syllabes des vers, je savais que « ai » ou « ou » n'en faisaient qu'une, et non deux (« a-i » ou « o-u »). De plus, en comparant les rimes, j'avais compris que certaines syllabes se prononçaient de la même manière, comme *menthe* et *mante*. Ou *pain* et *peint*, *paire* et *père*, *mettre* et *mètre*. Ou encore *é-taye* et *bou-teille*. Mais parfois, c'était à n'y rien comprendre, dans un poème d'un dénommé Jules Laforgue, *zoo* rimait avec *mezzo*, mais *igloo* (qui se termine également par deux « o ») rimait avec *zoulou*. Et il m'avait fallu beaucoup de patience et surmonter bien des hésitations pour comprendre que *ville* ne rimait pas avec *cheville*, ni *armer* avec *amer*, ni *logement* avec *résument*. Avant chaque lecture, je me rinçais longuement la bouche dans la petite cloche en opaline verte que j'avais rapportée de la Grande Bibliothèque, autant pour me délier la langue que par une sorte de superstition. Je me disais que cette petite cloche de verre avait gardé en elle les murmures des lecteurs, leurs chuchotements, et qu'elle était capable, par-delà les siècles, de restituer l'écho, même affaibli, de leur voix — la vibration originale de la langue. Cette petite cloche était mon diapason.

De bon matin, dans la friche urbaine, je m'entraînais à parler à voix haute, gueulant des phrases, me laissant porter par la seule musique des mots, n'ayant d'autre guide que le jugement de l'oreille. Ici, parmi les quelques lettrés, amateurs de langues mortes, qui lisent le français, personne n'est assuré de le bien prononcer. Le « c » se prononce-t-il : *se* ou *ke*? Le « g » : *je* ou *gue*? Quand nous nous retrouvions pour partager nos lectures, c'était parfois à s'esclaffer de nous entendre réciter à voix haute une même page tant nos interprétations différaient. Par exemple, une phrase comme : « C'était à Mégara, faubourg de Carthage, dans les jardins d'Hamilcar », pouvait donner selon le locuteur :

> S'é ta it'a meg ara, fa ubo urg de sar ta je, danse lesse jar din d'a mil sa re.
>
> Ké téa mé ga ra, fobo urje de kar't ha gue, da n'ss lé gar di n's dame il kar.

Si, nonobstant nos efforts, nous n'étions pas certains d'avoir l'oreille tout à fait française, de saisir la cadence de la langue, ses liaisons, sa mélodie, son élan, à tout le moins étions-nous capables de nous entendre par écrit, même si nous débattions encore âprement de quelques points de grammaire ou du sens exact de certains mots.

Domino était taciturne, mais ne manquait pas de superbe. Ses longues mains blanches et fines, que marquait l'azur réticulé des veines, contrastaient avec sa stature de colosse sans graisse superflue. Toujours soucieux de son apparence, il soignait ses tourments en corrigeant son maintien. Drapé d'une large peau de chèvre retournée, maintenue fermée au col par une fibule en ivoire, il rasait chaque jour les quelques maigres poils de sa barbe, recoiffait sa longue chevelure argentée, se frottait l'extrémité des doigts avec de l'herbe-à-bouc pour que l'odeur fétide qui s'en dégageait l'incitât à ne pas se ronger les ongles, lesquels étaient toujours limés et aussi polis que la nacre. Il était très strict sur le déroulement de sa journée et n'admettait guère qu'on l'importunât pendant ses heures de digestion. Les rares phrases que prononçait cet aristocrate de la langue, proférées comme des sentences, étaient d'une correction irréprochable. « Une faute de syntaxe, répétait-il, fait plus de victimes qu'un tremblement de terre. Le style est l'homme même. » Domino, c'était Chateaubriand en peau de bête. Il détestait notre monde contre lequel il s'arc-boutait — qu'il désignait comme le Grand Caca. Un monde excrémentiel qui encensait la fiente et se vautrait dans l'ordure, où tout se laissait aller à s'effondrer, s'aplatir, couler. Un monde d'où plus rien ne s'élevait, à l'exact opposé de l'architecture et de la sculpture de l'ancien monde, qui supposaient une idée de maîtrise, de mise en forme, donc qui se dressaient et s'érigeaient. Il n'était d'ailleurs pas impossible, disait-il, que ce fût par opposition à cette chose bourbeuse et molle qu'excrétaient les viscères que les êtres humains avaient levé des menhirs, hissé des totems, érigé des colonnes, édifié des cathédrales. Lutter contre la pesanteur était une manière de prendre ses distances vis-à-vis de la matière fécale qui se laisse choir. Bien que cet homme de haute allure mît un point d'honneur à contrôler ses gestes, à dominer ses émotions, à se maintenir au-dessus de la mêlée, il se laissait parfois emporter par des colères qui, d'un coup, le submergeaient. D'une voix qui n'était plus la sienne, il explosait en imprécations, vociférant que le diable était le grand défécateur, que nous vivions dans le trou du cul du monde — l'*anus mundi*. Une écume blanchâtre sortait de ses lèvres, puis, après des flots d'invectives, épuisé par sa propre violence et sans doute meurtri dans son orgueil d'avoir cédé à l'aigreur, il se recroquevillait dans son fauteuil, ruminant longtemps son amertume.

Domino ne quittait presque jamais sa casemate, sinon pour glaner les quelques baies et carottes sauvages qui complétaient ses repas de livres. Cependant, quand je l'ai connu, il sortait tous les matins pour arroser un pied de dahlia qui, malgré le peu de lumière et la pauvreté du sol, avait miraculeusement surgi d'une crevasse, à quelques pas de son fortin, au milieu d'un épandage de débris, de parpaings concassés, d'éclats d'asphalte. Les feuilles d'un beau vert lumineux, pennées et composées de trois folioles oblongues, légèrement crantées, pointues comme des oreilles de faune, que portait une hampe robuste, ne laissaient aucun doute sur le plant — il s'agissait même probablement d'un *dahlia imperialis*. Il en avait tuteuré la tige et paillé le pied. La plante, haute de quatre ou cinq empans, n'avait encore jamais fleuri, mais il guettait tous les jours l'apparition d'un bouton, et espérait ne pas mourir avant d'avoir vu la première fleur éclore.

Je me souviens de ma dernière visite chez lui. Il était très malade, il déclinait, il ne parvenait plus à finir les ouvrages qu'il avait entamés. Soleil morose, il restait des heures assis sans bouger, le regard éteint, en se tenant dans la même attitude que cette sculpture que j'avais vue dans un renfoncement de la Grande Bibliothèque, figurant un penseur du siècle des Lumières, le visage amaigri, creusé par les rides, les mains agrippées aux accoudoirs de son fauteuil, la tête enfoncée entre les épaules. Domino ne m'avait pas entendu entrer. Seul dans l'obscurité, il murmurait quelque chose. C'était à peine audible. Je m'étais approché sans bruit par-derrière. Il répétait un seul mot : « Impossible... impossible... impossible... »

Je regrette que Lalie n'ait pas connu Domino, car sans lui je n'aurais jamais entrepris de la nourrir de mots comme je l'ai fait. Toutefois, autant pour saluer sa mémoire que pour mettre en pratique ses principes et transmettre ce qu'il m'avait transmis, nous avions, ma jeune élève et moi, fabriqué des lettres comestibles, des petits gâteaux faits de farine d'épeautre ou de gruau afin d'apprendre l'alphabet. Nous avions pris comme modèle la typographie d'un ouvrage de Théodore de Bèze, imprimé en caractères Elzevier, avec ses pleins et ses déliés, ses élégants empattements triangulaires, ses jambages et ses hampes qui se terminent par un bec ou une goutte. Après avoir soigneusement modelé toutes les lettres de l'alphabet, nous les avions fait cuire dans le poêle qui, plein d'ardeur à exécuter cette noble tâche, ronflait de plaisir. Les lettres embaumaient nos pénates d'une agréable odeur de biscuit doré. Lalie n'avait le droit de manger que celles qu'elle savait identifier et nommer. Pour faciliter leur apprentissage et leur reconnaissance gustative, nous les assaisonnions différemment. Les voyelles étaient à dominante sucrée. Les consonnes, à dominante salée. Les labiales (*pe*, *me*, *be*), qui servaient de mise en bouche à nos repas de lettres, étaient épicées de menthe poivrée afin que l'effet fût immédiat au contact des lèvres. Ma fillette en était très friande. Les dentales, où la langue vient percuter les incisives par-derrière, comme dans le *te* ou le *de,* supposaient une attaque d'abord retenue, mais ensuite plus franche, pareille à une petite explosion de saveurs une fois l'aliment ingéré. Les palatales (*gne*, *ye*, *aïe*), qui font naître le son au niveau du palais, dispensaient une saveur d'une consistance plus mouillée, et qui s'épaississait lentement jusqu'à former une bouillie mielleuse, un peu nasillarde. Les fricatives qui, elles, procuraient une impression de frottement, de feulement ou de chuintement (*ze*, *fe*, *che*) avaient un goût plus douceâtre, mais surtout une texture plus feutrée qui demandait de mâcher longtemps. Quant aux consonnes uvulaires, dont le son se forme au niveau de la luette (comme le *re*), elles étaient assaisonnées avec des cerneaux de noix et des clous de girofle, riches en tanin. D'une consistance râpeuse, elles avaient un arrière-goût profond qui raclait la gorge : il fallait laisser le temps aux arômes de se développer afin d'en apprécier toute la grasseyante saveur. En associant les lettres, ma novice alphabète avait composé ses premières syllabes, puis ses premiers mots comestibles, obtenant des bouquets gustatifs complexes. Certains mots, ronds et charnus en bouche, flattaient le gosier, l'ouvraient sous la poussée des arômes, tandis que d'autres, où dominaient les occlusives, avec leur goût de menthe citronnée ou d'anis, avaient un effet astringent et resserraient les papilles. Une combinaison malheureuse donnait des mots fades ou amers, alors qu'une autre, plus heureuse, s'avérait succulente. Tout à nos manducations lettrées, c'était tous les jours festin de mots.

10

À l'exception de la fleur roussâtre et frangée que dessinait une ancienne tache d'humidité au beau milieu du cliché, la cinquième photographie du coffret montrait une rue en perspective. D'abord, sur la droite, un portail avec un fragment de mur blanc, puis une façade d'immeuble en brique, aux volets grands ouverts, avec, sur le côté de la porte d'entrée, une petite plaque portant le numéro « 12 », ensuite, plus loin, d'autres immeubles, un pavillon, cinq ou six arbres en fleurs, une voiture blanche stationnée, quelques piétons, certains au premier plan, d'autres à l'extrémité de la rue. Rien d'extraordinaire, sinon cette incroyable atmosphère de propreté et de netteté qui nous est si étrangère. Aucune lézarde sur les murs, aucun éboulis sur la chaussée, elle-même dépourvue de toute crevasse, de tout nid-de-poule. Pas un arbre mort, pas une charogne sur les trottoirs, pas même une ordure. Rien qui soit carbonisé ou réduit en cendres... Cependant, Lalie la Perspicace m'avait fait remarquer que les personnages visibles sur le cliché n'étaient pas tous de la même taille, que certains étaient minuscules alors que d'autres étaient très grands, comme ce couple qui se tenait devant le portail. Elle s'enchantait à l'idée que la photographie montrait d'authentiques lilliputiens et de véritables géants, et que l'histoire de Gulliver que nous avions lue dans une belle édition reliée en maroquin bleu nuit, dorée sur tranche, illustrée de planches gravées à l'eau-forte, signées Grandville, était donc bien réelle. C'en était la preuve, non?... Je lui expliquai que les personnages visibles sur la photographie étaient sans doute, à peu de chose près, tous de la même taille, mais que la perspective les faisait paraître plus petits dans les lointains et plus grands au premier plan. Devant sa moue dubitative, je fus obligé de convenir que l'image était trompeuse, puisque des objets de même grandeur apparaissaient de tailles différentes. Un peu déçue, Lalie avait fini par accepter en maugréant mes explications, mais, depuis ce jour, elle disait : *menteur comme une photographie.*

Plus on balaie et plus la crasse apparaît. Là où elle était distribuée par dépôts successifs, répartie en couches régulières, on voit surgir de petits tas de poussière et d'immondices, des concentrations qui brisent l'étalement monotone de la saleté. Je m'étais confectionné en cachette un balai avec des branches d'ajonc liées entre elles, dont j'avais ôté une à une les épines que j'avais gardées pour fabriquer un jour une brosse. Le balai était mon arme. Mais, ici, c'eût été suicidaire de m'en servir au vu et au su de tous. Le plus souvent, pour ne pas éveiller la méfiance de mes congénères, je me transformais moi-même en balai. Je faisais le ménage mine de rien, nageant sur le sol, ventre à terre, collectant déchets et saletés. D'abord, j'allongeais les bras loin devant moi, puis les écartais en raclant le sol jusqu'à les faire revenir contre mon corps. Enfin, soulevant un peu les fesses, je glissais sous mon ventre tout ce que j'étais parvenu à récolter, moutons de poussière, mégots, épluchures, rognures d'ongles, chiques recrachées, molaires déchaussées. Je me déplaçais à reculons afin que les poils de ma pelisse retinssent tout ce qu'ils avaient accumulé. Je longeais les caniveaux, contournais les bornes, passais entre les jambes des assis, sous le corps des allongés, retournais, revenais, décrivant au sol toutes sortes d'arabesques savantes. Observant mon ballet reptilien, certains s'étonnaient de me voir passer et repasser entre leurs jambes. Ils pensaient que je me traînais à terre parce que j'étais infirme. Ils me frappaient les jarrets avec leur crosse ou à coups de piques, pour voir si mes muscles étaient vraiment morts. Et comme je ne bronchais pas, ils frappaient plus fort. Une fois le ménage du manège... pardon, le manège du ménage terminé, je me redressais et, discrètement, m'ébrouais. Une petite taupinière se formait à mes pieds. On ne dira jamais assez l'orgueil d'être l'architecte d'une pyramide de saletés élevée au milieu d'une aire nouvelle de propreté. Quand je pense qu'autrefois balayer était considéré comme la plus noble de toutes les tâches !... Je sais, je sais, certains diront que j'idéalise le passé ! Mais enfin, les reines et les grandes dames de la cour ne balayaient-elles pas le sol de leur traîne brodée d'or ?

Je n'étais pas seul à épousseter, récurer, décrotter, ni même à tenter de remettre un peu d'ordre dans ce monde crasseux. Il existait une armée de l'ombre qui travaillait de concert avec moi. Oh! pas très nombreuse! Comptez quelques fous de mon espèce, mais aussi, à leur manière, quelques plantes, quelques animaux. Il n'y a pas que les humains qui se décarcassent pour se faire une place nette sur cette terre mal famée. Pour exemple, le chiendent est un miracle d'organisation colonisatrice qui se reproduit avec une régularité qui force l'admiration. Il faudrait être savant pour en établir la juste équation. Mais surtout, le chiendent se propage en éliminant toutes les autres graminées dont il asphyxie les racines afin de nettoyer le terrain. Pareillement pour l'ivraie et le chardon, les seules plantes qui, avec une espèce de cactus à larges raquettes épineuses, résistent à l'inculture qui sévit. Ce sont les mauvaises herbes et les cactées qui sauveront le monde. Parmi les bêtes qui pourfendent l'ordure, quelques-unes sont d'admirables éboueuses. Il y a bien sûr les insectes coprophages, comme les bousiers qui nous débarrassent de la crotte, mais aussi les silures, ces gros poissons mous qui prolifèrent dans les eaux polluées, véritables poissons-poubelles qui avalent avec un appétit d'ogre toutes les raclures de la flore et de la faune. Peut-être faudrait-il même ajouter à ces animaux mâche-merdes quelques grenouilles de bénitier, il doit bien en rester quelques-unes, qui, à grand renfort de patenôtres et de neuvaines, rachètent toute l'abjection et la saleté de notre monde.

Quant aux facétieux gastéropodes, s'ils ne font pas à proprement parler le ménage, ils sécrètent de très savantes coquilles, d'élégantes constructions en hélice qui défient le chaos. J'ai d'ailleurs remarqué que leur spire tournait toujours dans le même sens. À qui pourrais-je le signaler ? Malheureusement, ici, à personne. Pourtant, voilà un phénomène qui ne manque pas de parti pris, preuve que le limaçon envisage son existence avec un haut degré de raffinement. Privilégier une direction, n'est-ce pas déjà donner un sens à sa vie ? Quand on y pense, être *dextrogyre* ou *droitier*, c'est un peu la même chose. Est-ce un hasard si mes congénères, qui ne sont plus capables de distinguer leur droite de leur gauche, ont perdu le sens de la parole ? La parole, tout comme l'écriture, est orientée. Elle suit la flèche du temps. Elle est soumise au sens, dans les deux sens du mot : *direction* et *signification*. Il serait urgent de réévaluer la place du limaçon dans l'échelle de la nature. De plus l'idée d'une volute qui s'enroule sur elle-même tout en s'étirant, qui se réplique sans se redoubler, contient l'idée de cycle. Le retour du même qui chaque fois est un autre. S'il m'était donné d'attribuer un nom à l'Être suprême, je le nommerais : Spire. Joli vocable que l'on entend dans le mot *inspiration* — le souffle, l'esprit. Et puis le cycle, c'est le temps, non pas le temps linéaire, sans fin, qui fuit, mais le temps mesuré, rythmé, le temps calendaire, l'alternance des jours et des nuits, la répétition des marées, le retour des saisons. Une spire ne s'élève qu'en s'appuyant sur la boucle qui la précède. Moi qui ai, ma vie durant, avancé en terrain spongieux, qui ai manqué à tout moment d'appui, j'aurais rêvé de pouvoir m'élever en suivant la voie de ceux qui m'avaient précédé, juché sur les épaules solides de mes pères.

Parmi les autres animaux créateurs de formes remarquables pour leur organisation et qui, au milieu du chaos général, distillent de l'ordre, il y aurait bien les araignées, mais, hélas, elles semblent avoir perdu le plan pour concevoir des toiles géométriques. Elles ne donnent plus naissance qu'à des tissages délirants, des pelotes de fils embrouillés au centre desquelles elles finissent enfermées dans une camisole de soie. Sans doute consomment-elles trop de champignons hallucinogènes, les seuls qui poussent encore ici. Pareillement pour les abeilles : les alvéoles de leurs ruches se distribuent de façon aussi aléatoire que les trous dans une éponge. Quant aux quelques espèces d'oiseaux qui survivent sous notre climat d'enfer : la coquille de leurs œufs est de plus en plus irrégulière, bossuée, capricieuse. Leur forme s'apparente à celle des tubercules de pomme de terre. L'œuf parfait est devenu l'exception. J'en avais trouvé deux assez réguliers, deux œufs de rossignol, d'un beau gris bleuté, que j'avais rapportés à Lalie, et que nous avions rangés dans notre petit cabinet des merveilles, à côté d'une coquille d'escargot, d'un fossile d'ammonite et d'une samare de frêne que l'aile membraneuse fait tournoyer comme une hélice quand elle se détache de l'arbre.

Notre monde est de plus en plus déréglé, pour ne pas dire déglingué. La plupart des animaux présentent des asymétries, un signe de déclin parmi d'autres plus graves. Les oiseaux ont toujours une aile plus grande que l'autre. Ceux qui parviennent encore à voler volent tant bien que mal, jamais en ligne droite. Souvent ils se cognent contre un tronc ou percutent un pylône.

Beaucoup d'animaux sont frappés d'hypertélie, cette petite fantaisie de la nature qui s'entête dans une voie évolutive sans issue. Des orifices apparaissent là où ils ne devraient pas, certaines pattes poussent en surnombre. Les animaux ne se déplacent qu'en boitant, clopin-clopant. L'excès est partout. Ce qui devrait permettre aux animaux de vivre les condamne. Ici, la plupart des organismes prennent exemple sur la liane qui grimpe à un arbre, l'envahit, l'étouffe, et entraîne la chute de ce qui la soutient.

Les humains n'échappent pas à cette impasse dans laquelle l'évolution s'est engagée. Un simple coup d'œil sur nos pauvres corps laisse voir que nous sommes le fruit d'une génétique dévergondée, sans doute minée par l'amiante, le benzène, la radioactivité. Mais personne ici ne semble s'en apercevoir, sauf Lalie qui, avec son aimable acuité, m'appelait Fifi le Quasimodo. Certains de nos organes sont devenus trop rudimentaires ou trop capricieux pour servir à quoi que ce soit, d'autres se sont atrophiés avant même d'avoir jamais servi. C'est une misère de voir nos corps ainsi bâclés. Et pas un de nous pour racheter l'autre. Nous sommes tous pareils, c'est-à-dire tous bossus, bancals, boiteux, bizarres, borgnes, brisés, bancroches, branlants, béquillards, biscornus... Des monstres ?... Non, pas encore ! Pas tout à fait, mais déjà suffisamment tordus pour voir que le désordre progresse à vive allure. Je ris parfois tout seul en songeant à cette horde d'éclopés que nous sommes. Imaginez le tableau ! Spectacle effrayant. Et dois-je ajouter que nous n'avons pas la moindre retenue pour exhiber nos affreuses difformités, car, étant devenus asymétriques, nous avons en même temps perdu la honte de notre nudité? La ligne qui donnait l'axe médian du corps, qui joignait ses deux moitiés disposées en miroir, cette ligne de couture ayant disparu, la nécessité de cacher ce qui marquait symboliquement notre division primitive, la section — le sexe —, a également disparu. Pourrons-nous survivre longtemps à la disparition de la honte?... Ô ma Lalie, méfie-toi de la nudité, de la nudité bestiale.

Informes, mais obstinés! Contrefaits, mais entêtés! S'il y a bien un domaine où le Créateur ne s'est pas contenté de nous maintenir dans le règne de l'à-peu-près, c'est bien celui de notre détermination à accomplir aveuglément les tâches qui sont les nôtres. Une fois que nous sommes lancés, rien ne saurait nous faire dévier. Quand nous rencontrons un obstacle, il ne nous viendrait pas à l'idée de le contourner. Si un arbre nous empêche d'aller de l'avant, nous creusons le tronc avec nos ongles pour passer à travers. Nous sommes aussi têtus que des passe-murailles, sans en avoir toujours le talent. Nous regardons droit devant nous et agissons sans nous laisser distraire. Me revient ici une phrase (mais où l'ai-je lue?) : « Notre suprême malédiction est cette ingrate impulsion à la rectitude dans un monde semé d'embûches. » Bref, quand nous creusons, nous sommes des mains qui creusent. Quand nous courons, des jambes qui courent. Quand nous mangeons, des bouches qui mangent. Et quand, un jour, pour une fois, nous mourrons, nous ne reverrons pas toute notre vie en une seconde. Nous mourrons sans rien voir. Nous mourrons avec application, trop heureux d'y être parvenus — *Enfin!* sera notre dernière parole, unique témoignage de notre sens de l'à-propos. Autour de nous, tout le monde se lamentera de ne pas être à notre place, de devoir continuer à vivre jusqu'à ce que mort s'ensuive. Oh! l'affliction de nos proches ne durera qu'un instant! Le droit des héritiers reprendra le dessus. Nous ne sommes pas ingrats avec les morts en abandonnant leur chair à la vermine ou, pire, en les incinérant comme un tas de foin. Chez nous, la mort n'est pas qu'une formalité d'équarrissage. Tous autant que nous sommes, jeunes, vieux, malades, costauds, affamés, éclopés, nous prenons part à l'élimination de la dépouille. Rien ne se perd, tout se transforme. Pas de gaspillage. Les cadavres fournissent des poils pour rembourrer nos paillasses, des fémurs pour assommer nos voisins, des dents pour remplacer les nôtres, de la peau pour faire des abat-jour, de la viande pour nous nourrir. Autant dire que nous nous ruons sur eux, et rares sont ceux, croyez-moi, qui survivent à leurs funérailles. Je précise que, si nous apprécions la viande de nos congénères — ne dit-on pas que dans l'humain tout est bon? —, nous ne mangeons pas la langue, jugée impropre à la consommation. C'est notre seul tabou : on ne lèche pas ce qui a léché. Ici, lécher est la grande affaire. Lécher est un acte de dévotion, voire de contrition. Tout ce que l'on ne parvient pas à obtenir par la ruse ou par la force, on l'obtient en léchant le fondement des puissants. La langue n'a pas de fonction plus noble que de darder et nettoyer l'ordure souveraine. Donc, on ne mange pas ce qui a eu l'insigne privilège de lécher, d'autant moins que la langue en garde, malgré tout, une petite amertume, un arrière-goût de merde. Mais, en vérité, je crois que la répugnance qu'inspire à mes contemporains l'idée de manger une langue — tout comme la peur qu'ils ont d'avaler la leur, raison pour laquelle ils la laissent toujours un peu sortie — est liée à la crainte de devenir ventriloque. Qu'y aurait-il de pis pour un adepte du mutisme que de voir tout son corps transformé en organe de parole ?

11

Je m'étais fait un sang d'encre pendant des jours, incapable de trouver la solution à un problème peut-être simple, mais qui dépassait mes aptitudes en matière d'éducation. Et les manuels que j'avais consultés, s'ils étaient prolixes en conseils sur la façon d'apprendre aux enfants à tenir une brosse à dents, à se moucher une narine après l'autre, ou encore sur le nombre de verres d'eau qu'il est loisible de boire avant de se coucher sans provoquer d'énurésie nocturne, restaient silencieux sur ce point. Même le traité d'éducation du grand Jean-Jacques — dont les principes fondés sur la vie en plein air étaient toutefois incompatibles avec l'atmosphère irrespirable de notre monde — éludait la question, préférant ratiociner pendant 986 pages sur le caractère *naturellement* sage et docile de ces petits diables que sont les enfants. Tandis que je m'évertuais à ce que Lalie rangeât la portion d'espace qu'elle occupait à La Garenne-Colombes, elle s'évertuait à maintenir un haut degré de désordre, qui, incontinent, s'étendait à tout notre repaire. Son atavisme triomphait. Il y en avait partout : centaines de babioles qui traînaient par terre, livres jetés n'importe comment, bricoles qu'elle confectionnait et abandonnait par la suite, craies de couleur écrasées sur le sol, épandage de chiffons qui servaient à ses déguisements, et j'en passe. Une pétaudière ! Son capharnaüm me rendait fou. Je lui demandais de ranger, de ranger un peu. Pas beaucoup, mais un peu. Protestations, hurlements, déclarations de guerre !... Retranché derrière mes principes, je me blâmais d'avoir introduit dans mon ermitage — où j'aspirais au calme, à l'ordre, à la volupté — cette folle du logis. À quoi bon vouloir transmettre ce que j'aimais si c'était pour me gâter l'existence ? Elle incarnait tout ce contre quoi je luttais, bruit, pagaille, tourment ! Je comprenais ces mères qui étranglent leurs enfants ou les jettent du haut d'une falaise. Mais où placer la frontière entre ordre et désordre ? Âpre négociation. Nous n'étions jamais d'accord. Et, je le concède, mes arguments étaient minces. Je lui rabâchais que l'ordre, c'était la clarté de l'esprit, la victoire de la raison sur le chaos, et autres clichés auxquels je me raccrochais. À quoi ma jeune pensionnaire rétorquait avec un sourire malin que le désordre, c'était l'effervescence de l'imagination, l'ardeur de l'esprit qui rebat les cartes, les redistribue, provoque de nouvelles rencontres, élabore d'inédites combinaisons — un vivifiant remue-ménage que seuls les éducateurs sclérosés de mon espèce ne pouvaient comprendre. Sans me résoudre tout à fait à ses arguments, je sentais bien qu'elle n'avait pas entièrement tort.

Cette nuit, en repensant à tout cela, alors que je revoyais ma furie dormant comme une bienheureuse au milieu de notre champ de bataille, je me suis perdu dans une méditation métaphysique — si cette pompeuse expression peut convenir aux rêveries d'un marmiteux réduit à assurer sa survie dans un trou — sur les fondements de l'ordre et du désordre. Je me suis dit que lorsque le désordre était porté à son comble, quand tout était sens dessus dessous, détruit, émietté, réduit en poussière, tout devenait indifférencié, régulier, étale. Quand les accidents se multipliaient à l'infini, leur répétition instaurait une forme de régularité. En somme, l'extrême désordre finissait par se confondre avec l'ordre. Cela m'a fait entrevoir les limites de toute organisation. Il en faut un peu, mais pas de trop, sans quoi elle se nie elle-même. Le goût des formes régulières, lisses, stables, trahit un secret penchant pour le monde inanimé. Il faut des saillies, des accrocs, des imprévus, pour demeurer vivant. Bref, une certaine dose de désordre. Existe-t-il un mot pour désigner cet état qui serait à mi-chemin entre ordre et désordre?... Je ne sais pas... *Fantaisie*, peut-être?

Mais ces considérations, toutes séduisantes qu'elles paraissent, même si, comme vous, je suis conscient de leur faiblesse — considérations qui m'avaient néanmoins apporté sur le moment une légère euphorie, mais qui était vite retombée —, n'auraient pu tempérer mes accès de colère lorsque j'étais aux prises avec le capharnaüm explosif de Lalie. Je ne jouissais d'aucun recul sur ce sujet. Je redevenais primaire, grossier, brutal. Il n'était pas rare que, dans un moment d'exaspération, je flanquasse (oui, je flanquasse!) un coup de pied dans un échafaudage de bagatelles délicatement agencées par ses soins, histoire de passer mes nerfs, avant de balancer tout son fatras en vrac dans un coin, tandis qu'elle me regardait faire avec l'immobilité d'une statue attendant que l'orage s'éloignât. Cerise sur le gâteau : Loulou, la poule, ajoutait à mon agacement. Alors que Lalie maintenait sa face hiératique de porphyre, Loulou s'ébrouait en tous sens, empourprait ses caroncules, courait comme un poulet sans tête, soulevant une constellation de plumes, avant de se percher sur le panneau La Garenne-Colombes, d'où elle me fixait de son œil rond, noir, incisif, de gallinacé courroucé. Dans la lutte contre les tyrans domestiques, c'est connu, les animaux et les enfants font cause commune. Il ne me restait plus qu'à goûter ma défaite et à préparer pour le lendemain quelques plates excuses. C'était souvent dans ces moments-là, face à mon impuissance devant le désordre de Lalie, tandis qu'elle dormait d'un sommeil vainqueur, que, confus, je sortais la fiasque de gnôle : une bonne rasade pour remettre un peu d'ordre dans ma tête.

N'ayant que fort peu de talent pour m'améliorer, je répliquais mes erreurs avec une constance admirable. Nos prises de bec étaient régulières. J'avais toutefois accompli un modeste progrès le jour où, dans mes velléités d'inculquer à Lalie des notions de rangement et surtout de lutte contre l'accumulation — elle gardait tout en vertu du principe que *ça peut toujours servir* —, je lui demandai de conserver non pas les choses qui pourraient lui être utiles, mais seulement celles qu'elle trouvait précieuses ou, mieux encore, belles. Petite distinction qui avait eu son effet. J'avais vu disparaître certains haillons, certains déchets, tandis qu'elle en mettait d'autres en valeur.

Parmi les objets qu'elle aimait, il y avait une boule de verre remplie d'eau claire dans laquelle logeait toute une ville miniature, boule que j'avais trouvée au milieu d'un champ de ruines et sur le socle de laquelle était écrit *Souvenir de Paris.* Quand on la retournait, des flocons blancs tournoyaient à l'intérieur. Lalie était fascinée, elle la regardait pendant des heures, simulait des tempêtes, attendait les embellies, se racontait des histoires. Ce globe, dur et froid au toucher, était plein d'une vie tourbillonnante. Comme dans les livres, tout un monde logeait dans un espace minuscule. S'il avait été possible de se promener à l'intérieur, on aurait pu entrer dans les immeubles, pénétrer dans les appartements, ouvrir les tiroirs, compter les chaussettes. On aurait pu voir un chat courir derrière une mouche. « C'est drôle, disait-elle, plus c'est petit et plus ça donne envie de rêver. » D'habitude, on commence par voir ce qui est juste devant soi, les choses qui sont proches, le mur, la porte, l'arbre — l'arbre qui cache la forêt. Ensuite on essaie de prendre du recul, d'élargir son champ de vision, mais là c'était tout le contraire : la découverte de la ville précédait celle de ses détails, et, même si c'était une illusion, l'idée d'une vaste cité enclose dans une petite bulle excitait prodigieusement l'imagination. Mais il y avait autre chose qui fascinait Lalie et la tourmentait. Elle aimait faire des bulles d'eau savonneuse à l'aide d'un brin de paille — elle en avait toujours un à la bouche. Elle regardait ensuite avec une sorte d'effroi le moment où celles-ci éclataient. Elle avait compris que leur incroyable perfection était indissociable de leur extrême fragilité. Un rien pouvait les réduire à néant, et sans qu'aucune réparation fût possible. Elle se demandait si le monde dans lequel nous vivions, comme celui qui logeait dans la boule de verre, était aussi vulnérable que l'espace enclos dans une bulle de savon. Pouvait-il, lui aussi, disparaître en un clin d'œil, et, pour ainsi dire, sans laisser la moindre trace ? Nous avions placé la boule de verre à côté des deux œufs presque parfaits que j'avais trouvés. Elle la regardait avec une expression d'émerveillement mêlée d'inquiétude que je ne lui voyais en aucune autre circonstance.

Voilà plus d'un jour que je suis plongé dans la torpeur, que je n'ai pas gravé une ligne. Je me souviens, je somnolais. Peut-être avais-je même dormi debout suivant mon habitude. Quoi qu'il en soit, quand j'ai ouvert les yeux, les murs de ma cellule avaient disparu. J'étais au milieu d'une étendue lisse, uniforme, sans objet. Pourtant, je ne flottais pas dans le vide. Je sentais mes pieds posés sur le sol. Où étais-je ?... Je m'étais avancé, un pas, deux pas, puis cogné contre un mur. J'avais tâtonné à droite, à gauche, avant de reconnaître ma cellule et ses trains de mots gravés dans la paroi. Je ne voyais plus rien. Mes yeux étaient couverts d'une taie. Je ne distinguais mes mains qu'en les approchant tout près du visage. Un brouillard compact avait envahi ma cellule. Ou plutôt une fumée suffocante et poisseuse, car il régnait ici une chaleur d'étuve. J'étais un morceau de lard suant dans un enfumoir. Dehors, le vent hurlait. Pendant les tempêtes, mon cachot se transforme en boîte à courants d'air. La poussière, la cendre, la suie, la suie surtout, s'infiltrent par les fissures. L'air devient opaque, irrespirable. Rien de tel pour me plonger dans un état de confusion et m'obscurcir les idées. Les Grecs n'avaient-ils pas fait de la fumée et du vent un dieu ? Typhon. Dieu monstrueux. Dieu dépourvu de langage. Dieu qui, pour toute parole, rugissait comme le vent. Typhon était le père des Gorgones, du Cerbère, de l'Hydre de Lerne et de toutes les créatures qu'il était préférable de ne jamais croiser. Mais Typhon était un enfant de chœur, comparé à son ancêtre égyptien, l'abominable Seth : dieu des ténèbres, de la détresse, de la ruine, du chaos. Dieu de toutes les forces aveugles maléfiques. Dieu du désordre absolu ! Ce monstre primordial, surgi des entrailles de la Terre, était à l'origine de tout ce qui était négatif : fureur, cruauté, destruction, souffrance, maladie, désastre, ignorance. Je serais tenté de dire qu'il règne ici sans partage. Mais faire du désordre une divinité, ne serait-ce pas déjà l'accepter comme une fatalité ?

Une photographie pour le moins étrange — la sixième — montrait l'intérieur d'un vaste édifice, supporté par des piliers en pierre de taille, de section quadrangulaire si mon souvenir est bon (ou peut-être cruciforme). Le sol, vu en légère plongée, était noir, lisse, brillant. Posés dessus, des bacs circulaires en métal poli — sans doute en inox à en juger par la pureté incendiaire de leur éclat — étaient parfaitement alignés, formant sur toute la surface du sol une sorte de pavage régulier, non jointif. En comptant les bacs, y compris ceux situés tout au fond de la salle, à peine visibles en raison de la perspective, j'en avais dénombré quelque cinq ou six cents, mais peut-être y en avait-il beaucoup plus, car le cadrage ne donnait pas à voir la salle dans son entièreté. Toujours est-il qu'il se dégageait de l'ensemble une impression de régularité géométrique, mais aussi de propreté clinique. La radicalité du parti pris subjuguait. Mais le plus étrange, du moins pour moi, ne résidait pas tant dans la disposition régulière des bacs, quoique admirable en soi, ni même dans leur nombre, mais dans leur contenu. Les bacs, si je me référais à ceux qui étaient visibles au premier plan, étaient remplis de gravats. Oui, de gravats, des fragments de pierre, de brique, de plâtre. Ces résidus concassés étaient ici présentés comme un minerai très précieux et pur, alors que de toute évidence ce n'était que les débris provenant de la démolition d'une maison, débris qui auraient dû finir dans une décharge. Un indice semblait étayer ma supposition : au dos de la photographie était écrit *La Maison*, 1993, CAPC. L'image m'avait longtemps poursuivi. Que pouvait bien signifier cette mise en scène ordonnée de la destruction ?

12

Avais-je oublié ce qu'était l'enfance ? Quand je voyais Lalie sautiller sur place pendant des heures en fredonnant *Une souris verte qui courait dans l'herbe, je l'attrape par la queue...*, quand je la voyais se draper de quelques nippes et convoquer autour d'elle la Licorne, le Valet de trèfle ou la Fée Mange-Tout, auxquels elle donnait une vie en les faisant courir, danser, voler, chanter, quand je la voyais se livrer à toutes sortes de jeux qui n'avaient pas d'autre but que de fondre le présent dans ses rêves, et que je me voyais en face, lourd, pesant, pataud, englué dans des besognes utilitaires, soucieux de ravauder nos chandails, de nous pourvoir en légumineuses, de nous défendre des cafards et des convoitises de Plikropil, de procéder toujours par nécessité, je comprenais bien que Lalie et moi vivions dans deux mondes différents, séparés par un infranchissable rempart de verre. Qu'étais-je pour elle, sinon ce valet attaché aux tâches domestiques, laborieux, terre à terre ?

Lalie, elle, était la figure même de l'ingénuité, de l'insouciance. Elle n'était pas tourmentée par le besoin de s'atteler à des travaux utiles. Elle n'était surtout pas marquée par cette révoltante déchéance qui l'obligerait un jour à se reproduire, car mortelle. Son corps ne portait encore aucun des stigmates de sa nature femelle. Il était aussi lisse qu'une perle, aussi gracile qu'une pousse d'asperge, sans ces rotondités fessières et ces protubérances mamelues qui la désigneraient comme une humaine vouée au fastidieux service de la perpétuation de l'espèce. Son visage était celui d'un ange asexué. Elle vivait encore, pour un bref moment, avec la désinvolture d'une créature immortelle. Elle précédait la bête qui allait, en la rongeant de l'intérieur, la rendre esclave de ses appétits charnels et la précipiter dans les embarras de la maternité, avant de disparaître à jamais. Pourquoi, diantre, parle-t-on de l'âge nubile comme de l'âge adulte ? Cet âge prétendument adulte, c'est le début de la fin ! C'est le stade ultime de l'individu. C'est le moment où l'on passe le témoin parce qu'on s'apprête à mourir. Et, en dépit des apparences, cette dernière période, où le temps est compté, est infiniment plus brève que celle de l'enfance où le temps ne compte pas. Le seul véritable âge adulte, celui qui n'est pas contraint par la nécessité de se répliquer pour survivre, c'est l'enfance ! Passé l'âge du nourrisson pendu à la mamelle, l'enfance est la forme accomplie de l'être humain, son plein épanouissement. C'est l'âge où la soif d'apprendre, la curiosité, la fantaisie et l'imagination sont les plus vives. L'enfance, c'est la grâce d'une âme fondue dans un corps. Rien n'est encore fracturé dans l'être. Rien ne sépare l'intention du geste. Les cabrioles de Lalie étaient des traits d'esprit. Ses entrechats, des idées neuves. Ses bonds, des fulgurances de l'âme. Et, si elle se livrait parfois à des jeux pervers, et Dieu sait qu'elle ne manquait pas d'idées pour en inventer, c'était en toute innocence. Elle vivait encore dans les limbes, là où il n'y a ni mal ni bien. Oh ! certes, ce n'était pas une oie blanche, elle savait me piquer au vif ou me faire tourner en bourrique quand elle le voulait, parfois même me faire pleurer, mais c'était sans mesquinerie, sans machiavélisme. Elle vivait dans l'instant, réagissait sous le coup de la colère ou de l'enthousiasme. Rien n'était calculé. Elle était dénuée de cette rouerie qui, chez l'adulte, rend toute action, fût-ce la plus aimable, intéressée.

Lalie était joueuse, elle aimait rire, elle aimait rire avec les mots. Parler relevait autant d'un vivifiant jeu de l'esprit que de la nécessité de dire. Elle adorait les exclamations, *ah ! oh ! zut ! ouf ! hue ! pouah ! chut ! aïe aïe aïe !...* qu'elle déclinait tout en mimant les expressions de chacune. Et aussi les onomatopées, tous ces petits mots qui imitent un bruit, *bang, boom, bof, crac, plouf, clic, ouille, snif, vlan, atchoum, grrr, pfft, pschitt, beurk...* qu'elle enfilait pour le seul plaisir de les faire sonner dans sa bouche, comme une litanie adressée au dieu de la langue. Elle passait également des heures à lire *Le Petit Larousse illustré* que je lui avais rapporté des décombres de la Grande Bibliothèque, soulignant au crayon tous les mots rigolos à prononcer :

> coquecigrue, escarbille, aboulie, vertigo, cubitus, alopécie, arquebuse, bilboquet, tarabiscot, cacochyme, itou, carambouille, dézinguer, valgus, endoblaste, farigoule, filoselle, gargamelle, gastrula,

gutta-percha, jujube, homozygote, pataquès, pedzouille, idoine, impétigo, kouglof, laïus, lazurite, libido, motopompe, niaque, nunuche, lombric, volvoce, silo, ocarina, zébu, octopode, sparadrap, oléoduc, oribus, pagure, quiproquo, rectocolite, rutabaga, socquette, gymnote, syzygie, tartignole, odontocète, tiédasse, duplicata, trombine, ubac, upsilon, youyouter, haridelle, onomastique...

Elle les recopiait sur un cahier et composait des aphorismes avec cette manne disparate qui avait moins le mérite d'accroître son vocabulaire, car elle en oubliait presque aussitôt le sens, que de la rendre sensible à la musique des mots.

Ma lexicale Lalie aimait également les mots composés, comme œil-de-bœuf, pied-de-biche, trique-madame, jean-foutre, trompe-la-mort, vif-argent, perce-oreille... Elle adorait surtout les calembours : *Merci pour votre bon thé. Le veau qu'a bu l'air.* Sans oublier les contrepèteries qui, suivant leur racine *contrepéter*, se régalent des équivoques grivoises, et dont le père de Gargantua, duquel elle aimait passionnément les aventures, passe pour être l'inventeur. Lalie les collectionnait : *À charge de revanche, à verge de rechange. La moelle de l'épée, le poil de l'aimée. Célibataire, c'est bête à lire, c'est bite à l'air.* Elle inventait aussi des mots, des mots qui manquaient au dictionnaire : biscothèque, lapsuçon, orthogaffe, scribrouiller, caramou, crocrotter, et d'autres plus obscurs, destinés à m'exclure de son prolifique charabia. En bonne marieuse de mots, elle avait en outre forgé un mot fourre-tout, un adjectif qui lui servait à qualifier tout ce qu'elle ne savait pas exprimer, elle disait : c'est *momanquant*. Et elle ne ratait pas une occasion de travestir les poèmes que je lui apprenais, à croire qu'elle aimait se venger de l'effort qu'elle consentait pour les savoir par cœur :

Traître Cabot, sur un marbre léché,
Plongeait en son bac un roi mage.
Un gros calmar, par l'odeur écœuré,
Lui tint à peu près ce sifflage :
Hé ! bonjour, Monsieur du Cabot.
Que vous êtes jauni pour un vieux lavabo !
Sans ternir votre sale image,
Ni critiquer votre ménage,
Vous êtes le Phénix des bouses de ces bains.

Régulièrement, nous reprenions la rédaction de notre *Nouvelle grammaire de la langue française, à l'usage de Lalie, dite la Babillarde*, calligraphiée en un exemplaire à La Garenne-Colombes, tentant de nous frayer à coups d'hémistiches et de rimes un chemin dans cette jungle où les exceptions étaient plus nombreuses que les règles, mais où l'écrit permettait de lever bon nombre d'ambiguïtés inhérentes à la langue orale.

« Sans », une locution sans vraie difficulté,
« Sang », quand il coule à flots, fait peur pour la santé,
« S'en », pronom réfléchi qu'épouse le mot en,
« Cent », un très beau nombre : dix fois dix strictement,
« C'en », abrège ceci, suivi d'une apostrophe,
« Sent », pas sans une odeur pour terminer la strophe.

Comme tout enfant unique, Lalie aimait les familles nombreuses. Et, parmi elles, il en existait une qui faisait ses délices, une famille fantaisiste, pleine de faux frères, demi-sœurs, enfants adoptifs, jumeaux dizygotes, rejetons adultérins et vagues cousins à la mode de Bretagne, c'était celle des homonymes. Une famille recomposée, où les mots prenaient un malin plaisir à se déguiser et à entretenir de fictives parentés avec d'autres — un bal masqué qui la dédouanait de ses fantaisies orthographiques. Je lui avais raconté que lors d'une mémorable séance qui s'était déroulée en des temps immémoriaux dans le sanctuaire de la langue, quarante habits verts brodés de rameaux d'olivier et coiffés de leur bicorne, brossé pour l'occasion, avaient distingué trois catégories d'homonymes, eux-mêmes divisés en un nombre incalculable de sous-catégories. Les premiers se prononçaient de la même manière, mais s'écrivaient différemment : *Le chat de gouttière ignore le chas d'aiguille.* Les seconds s'écrivaient identiquement, mais se prononçaient autrement : *Les poules du couvent couvent. Les poissons affluent dans cet affluent.* Enfin, les derniers, la fine fleur de l'homonymie, quintessence de l'équivoque, se prononçaient et s'écrivaient de la même manière : *L'avocat déguste son avocat. Tu joues avec ses joues.* Par atavisme d'abord, par provocation ensuite, Lalie avait un faible particulier pour le triplet *Cahot*, *Chaos*, *K.O.*, des presque synonymes, qu'il ne fallait pas confondre avec...

« Arrête ! Arrête ! Tu me gaves comme une oie avec tes leçons ! J'en peux plus. Je suis pleine ! »

Un jour qu'elle disait n'être plus en mesure d'apprendre quoi que ce soit, je laissai passer un moment, puis, prenant un récipient, je le remplis de cailloux, et lui demandai si le récipient était plein. « Oui », répondit-elle. Alors, prenant un paquet de sable, je le versai dans le récipient. Le sable se glissa entre les cailloux et combla les interstices. « Et maintenant, demandai-je, le récipient est-il plein ? — Oui, maintenant, il est vraiment plein. » Alors, prenant une carafe d'eau, je versai le contenu dans le récipient, remplissant les espaces laissés entre les grains de sable. « J'y réfléchirai, dit-elle, mais ce qui est vrai pour les récipients ne l'est pas forcément pour moi... et puis j'aime pas que tu me prennes pour une cruche ! »

Une cruche qui avait bonne mémoire, car quand elle voulait me montrer qu'elle n'était plus en état de poursuivre une leçon, elle basculait la tête en arrière et, ouvrant la bouche, me lançait par défi un *glouglouglouglouglou*, suivi d'un bloubloutement de vase qui déborde. Ma jeune apprentie avait raison. Je ne devais pas lui demander plus qu'elle ne pouvait, encore moins l'assommer avec d'inutiles définitions.

Puisque je parle d'« assommer », je me permets de livrer un trait de mon caractère. Quand je reçois un coup de massue sur la tête, je cherche d'abord à savoir d'où il provient, quelle a été sa trajectoire, dans quel bois la massue était-elle taillée, et à répondre à une bonne douzaine de questions du même acabit, avant de pousser un cri de douleur. J'ai donc un tempérament plutôt placide, voire flegmatique. À Dieu ne plaise que je réagisse frontalement à la bêtise de mes congénères, *a fortiori* à celle d'un homme que je n'ai pas connu, surtout s'il a vécu il y a cinq cents ou mille ans. Pourtant, il en est un qui attirerait tous mes sarcasmes si j'avais encore des dents pour mordre, un de ces esprits que les muses ne visitent jamais, qui n'a jamais tremblé à la lecture d'un vers ou d'une strophe. Je tairai le nom de ce professeur helvète — un pionnier de la déliquescence de la langue, auteur d'un ouvrage qui m'avait mis en rogne. Lors de mes nombreuses fouilles dans la Grande Bibliothèque, j'avais glané tous les livres qui pouvaient m'aider à apprendre à Lalie les règles de la langue française, même si je me méfiais de la cuistrerie des pères Fouettard qui prennent plaisir à rendre indigeste son bon usage, et qui, oubliant l'esprit, encensent la règle. Du reste, la plupart des ouvrages que j'avais rapportés à La Garenne-Colombes avaient un arrière-goût de vieux papier mâché, comme le *Tretté de la grammére françoéze*, ou la *Briefve doctrine pour deuement escripre selon la proprieté du langaige françoys*, ou encore la *Grammatographia, livre tresutile et proufitable.* Et les plus récents n'étaient pas les moins insipides, encore que parfois utiles. Au hasard de mes fouilles, j'en avais trouvé un, intitulé *Cours de linguistique générale.* Le titre aurait dû m'alerter sur la prétention de son auteur, mais j'attendais des lumières sur l'origine de la langue, sa formation, son évolution, son emploi, car, pour tout esprit doué de raison, il n'existe rien en ce monde qui soit sans cause. Or quelle ne fut pas ma surprise de découvrir que ce gâte-papier voulait que l'arbitraire régnât en maître sur la langue, que la chose et le mot ne fussent liés que par un rapport purement artificiel, de sorte que la forme des mots — leur sonorité — n'avait aucune importance, qu'elle était sans lien avec leur sens. Fichtre ! me dis-je, l'affreux livre, avec sa couverture marronnasse qui exhalait une odeur rance de carton bouilli ! Et que devenait alors la poésie ? Autant remplacer les mots par des abréviations. J'aurais volontiers parié qu'un ouvrage aussi absurde serait mort-né, mais l'exemplaire que j'avais récupéré portait la mention « 32e mille » !

Lalie, elle, bien mieux avisée que ce professeur helvète, avait tout compris. Lalie, je l'ai dit, était sensible aux mots. Elle aimait les mots cocasses ou bizarres, mais, par-dessus tout, les mots expressifs. Elle disait qu'il y avait des mots plus vrais que d'autres, des mots qui faisaient entendre dans leur sonorité quelque chose de leur sens. Ces mots, beaux et vivants à l'oreille, elle les collectionnait et les rangeait dans notre musée. Comment ? En les écrivant sur des galets qu'elle plaçait à côté des spécimens les plus remarquables de coquillages, de graines, de fossiles que nous collectionnions. Elle aimait les admirer, les considérant comme des objets rares, authentiques, précieux. Mes petits trésors de la langue, clamait-elle. Elle faisait sonner ses galets en les frappant avec une baguette. Les vrais mots rendaient un son plus pur, car ils conservaient encore la trace sonore de ce qu'ils signifiaient. Par exemple, le mot « mou » était — selon Lalie — un vrai mot. Le « m », qui renvoyait à l'universelle et moelleuse mamelle, et le « ou » atone, étouffé, amorphe, par lequel il se terminait, se moulaient dans l'idée de mollesse. Pareillement pour le mot « roc ». Le « r » qui roulait dans la bouche donnait une idée de sa rondeur, et le « oc » final lui octroyait sa dureté. Le roc était rond et dur. C'était un autre vrai mot. À l'inverse, « épée » n'évoquait rien du tout, c'était un coup d'épée dans l'eau. C'était plat, tout juste bon pour adouber un chevalier. D'ailleurs, pour pallier l'inexpressivité du mot, on lui ajoutait toujours une pointe... *de la pointe de l'épée.* Il existait des mots qui ne valaient pas une roupie de sansonnet, comme compensable, ratification, supplétoire... Sans même parler de quelques méchants mots : néandertaloïde, hyperdolichocéphalique, transsubstantiation... Alors que ceux qu'elle avait calligraphiés sur des galets sonnaient à merveille : fulgurance, embâcle, prestige... Entre plusieurs mots, Lalie, le plus naturellement du monde, choisissait celui qui, par sa sonorité, était le plus expressif dans le contexte où elle l'employait.

En soutenant que la sonorité des mots n'avait aucune importance, ce professeur atteint de surdité linguistique avait laminé la langue, lui ôtant sa dimension charnelle, sa mélodie, ses accents. Il tenait pour nulles les consonances et les alternances vocaliques qui la rendent douce, chantante ou cassante. De même, il tenait pour nulles les allitérations et les scansions qui donnent à la phrase son rythme, sa cadence. Croyait-il, ce professeur amateur de systèmes, qu'il existât un seul humain sensible à l'art de l'éloquence pour cautionner, disons-le, une telle ânerie ? Même un taiseux s'en amuserait. Et j'en veux pour preuve que mes congénères — les langues pâteuses —, qui ont perdu l'usage de la parole, en sont revenus à ce langage archaïque fait de sons expressifs : ils hurlent, miaulent, larmoient, meuglent, grognent, rugissent, roucoulent, bêlent... Certes, c'est peu ! C'est même très peu quand il s'agit de partager avec l'âme sœur toute la gamme des émotions humaines, toute la variété des sentiments, mais c'est déjà ça. L'intonation donne au moins l'intention, c'est le nerf du discours. La parole peut mentir, pas l'intonation. Le *Cours de linguistique générale* avait fini dans les flammes du poêle. Quel plaisir d'entendre crépiter ses 326 pages jaunies, de les voir se recroqueviller, noircir et partir en fumée ! Entendons-nous, je m'opposerai toujours à l'idée de brûler un livre, n'importe quel livre, mais il ne faut quand même pas encourager tous les nigauds qui prennent les mots au pied de la lettre. Je me rassure en pensant que l'insensible linguiste, gisant six pieds sous terre, ne pourra prendre prétexte de mes remarques pour ajouter en guise de réfutation un ouvrage supplémentaire destiné à malmener un peu plus son héros, la langue.

13

J'avais ménagé dans notre repaire de La Garenne-Colombes plusieurs conduits d'aération, ainsi qu'une cheminée d'évacuation pour le poêle. À peine sorties, les fumées se diluaient parmi les traînes de brouillard et les exhalaisons du sol. Personne ici ne pouvait deviner notre présence, partout la terre crachait son haleine fumante. Par ces conduits, nous entendions tous les bruits extérieurs. Quand le soir tombait, l'ouïe prenait le pas sur les autres sens. Notre terrier était une caisse de résonance. Le fruit qui tombait de l'arbre, telle une balle sonore traversant la voûte, se répercutait dans notre antre avec la violence décuplée d'un gong. Tout était amplifié : la griffe qui labourait sa proie, la patte qui creusait sa rabouillère, la plume qui effleurait l'herbe. Le moindre bruit raclait nos tympans. La terre soupirait, geignait. Nous étions en prise directe avec les gémissements de notre cité dolente. Souvent, on entendait les hululements de Pendeloque, un pauvre hère, loqueteux, famélique, rejeté de tous, qui vivait accroché dans les arbres, passait de branche en branche, y accrochait ses frusques, et qui, lorsqu'un vol d'éperviers s'approchait, agitait furieusement le feuillage, ou ce qu'il en restait, pour les éloigner. À la tombée du jour, il mêlait ses cris à ceux des pigeons. Il jabotait, caracoulait, roucoulait, faisait claquer son bec. Ses manières d'épouvantail inquiétaient, mais il n'était pas méchant. Mille-Pattes, lui, avait la tête obtuse de ceux qui ne doutent jamais. Il avançait comme la faux dans l'herbe, et le sifflement de la lame s'entendait de loin. Il avançait à grandes enjambées. À chaque pas, c'était une nouvelle saignée pratiquée dans la friche. Il attaquait au ras du sol, se distrayait de tout ce qui vivait en l'anéantissant. La nuit, il s'approchait de notre bercail, rôdait autour, vociférait de longues imprécations dans une langue inconnue, puis disparaissait. Mille-Pattes était rarement seul, il promenait sa cruauté à la tête d'une horde de gueux carabosses, tous coulés dans le même moule, marchant à la queue leu leu dans les ruines. Quand la longue file claudicante approchait de La Garenne-Colombes, le sol martelé par leurs pilons tremblait au-dessus de nos têtes. Autre habitué de notre paysage sonore : l'ignoble Plikropil. Lui était râblé comme un verrat. La gueule, tordue. Un œil en moins, la plaie toujours purulente. Plikropil était cannibale. Cannibale diplômé. Pas les humains, seulement les humaines. Il les éventrait avec art et consommait la chose utérine. On ne le voyait presque jamais. On suivait ses déplacements aux victimes qu'il abandonnait derrière lui, aux chiasses qu'il laissait pour signer son passage, à l'âcre odeur de poisson crevé que dégageaient ses pissats. Il se déplaçait la nuit sans bruit, on ne savait jamais où il était, puis, soudain, se dressant sur ses jambes arquées de faune, il déversait un torrent de mots excrémentiels (peut-être était-il atteint du syndrome de Gilles de la Tourette ?), avant de disparaître à nouveau. Dans ces moments-là, ma petite protégée se pressait contre moi.

Bien d'autres énergumènes, vermines authentiques ou croquemitaines de théâtre, traversaient nos terres. La plupart n'étaient que des cris dans la nuit, des cris auxquels ne s'associait aucune image. Les plus bavards d'entre eux n'avaient pas trente mots de vocabulaire, et souvent des mots de seconde zone, ou des mots inutiles comme *électrophone* ou *colbertisme*.

De toute façon, ici, c'est chacun sa langue. Chacun pour soi. Personne ne cherche à se faire comprendre. Les langues, ou plutôt ce qu'il en reste, ne sont que des résidus de dialectes — jargon, argot, sabir, baragouin, javanais, volapuk, charabia — que bredouillent des créatures qui n'en ont plus l'usage, des rognures d'expression incohérentes, dénuées de signification, des formules toutes faites qui se sont imprimées dans le cerveau et se sont transmises de génération en génération, et que les individus répètent sans les comprendre. Ces débris de langage ressemblent à certaines mimiques qui ont perdu leur raison d'être, mais qui persistent, comme celle de retrousser la lèvre supérieure pour effrayer l'adversaire, mimique qui, chez nos ancêtres les singes, avait pour fonction de découvrir leurs redoutables canines, mais qui chez nous ne rime plus à rien, puisque celles que nous possédons, petites et émoussées, n'effraient plus personne.

Le triomphe de l'individu a conduit chacun à avoir sa propre langue, mais, par une sorte de retournement comique, nous sommes tous devenus semblables : nous parlons tous une même langue incompréhensible, faite de borborygmes et d'obscurs babils. La grande Babel, bègue et balbutiante, se dresse sur les ruines de notre monde. Tout n'est que dyslalie, glossolalie, écholalie, palilalie, coprolalie.

Si l'on excepte notre grand-messe hebdomadaire, où nous nous mettons tous — hommes et bêtes — à hurler ensemble, où, pris d'un spasme collectif, nous faisons monter de la jungle une clameur de fin des temps, où chacun n'a d'autre dessein que d'être celui qui crie et siffle le plus fort, si l'on excepte ce roboratif ramonage des poumons, nous nous tenons le plus souvent aussi cois que des pierres au fond d'une mare.

Parmi tous les livres de grammaire que j'avais dénichés dans la Grande Bibliothèque, il y en avait un, dont le titre aurait découragé le plus curieux d'entre nous, *La Grammaire logique, résolvant toutes les difficultés et faisant connaître par l'analyse de la parole la formation des langues et celle du genre humain*, livre que je m'apprêtais, comme tant d'autres, à repousser quand, l'ouvrant au hasard, j'étais tombé sur cette phrase : « Tu uses ma queue, tu ma queue uses, tu m'accuses. La queue use à sillon, l'accusation. » Et un peu plus loin : « Jeune sexe que sait, je ne sais ce que c'est. Qui sexe queue use, sa queue use. Tu sexes et bien, tu sais que c'est bien. » L'ouvrage était tout en calembours et coq-à-l'âne. L'auteur, du nom de Bisset ou Brisset, ou peut-être Brisé, ou même Risée, je ne sais plus, pensait que toutes les idées que l'on pouvait exprimer par une suite de sons semblables avaient une même origine et présentaient entre elles un rapport quant à leur sens. Par ses jeux de mots et ses équivoques, notre auteur prétendait faire entendre le bruit de fond de la langue, sa rumeur primitive. Il voulait revenir à la source des mots, au coassement du batracien qui, disait-il, était le premier animal de la Création à avoir posé une question : *Coac ? Coèque ? Quesksé ? Quesksékça ?* Pour justifier ses fantasques grenouilleries, il rapportait que, dans le livre de l'Apocalypse, saint Jean avait vu sortir de la bouche de la Bête un flot de grenouilles qui n'étaient autres que les premiers mots de la langue originelle. C'était là, dans la bave des marais, que tout avait commencé. J'avais raconté à Lalie l'histoire des grenouilles, pensant l'étonner et l'amuser. Mais elle avait haussé les épaules, disant n'avoir pas eu besoin de lire l'ouvrage de ce monsieur saint Jean pour savoir ça depuis longtemps. Quand elle vivait dans l'empire humide des marécages, elle parlait aux grenouilles. Ces petits amphibiens, qu'elle appelait des « bouches-sur-pattes », étaient même les seules créatures avec qui elle pouvait s'entretenir. Elle frayait dans les mêmes eaux et coassait avec eux parmi les joncs. N'avais-je pas d'ailleurs remarqué que ma Lalie se tenait souvent accroupie, le corps penché en avant, les mains posées à plat sur le sol comme une rainette sur une feuille de nénufar, attitude que je ne peux adopter sans ressentir aussitôt les courbatures qu'un bipède aspirant à l'usage du rince-doigts éprouve à vouloir imiter l'animal ?

Alors que le livre du professeur helvète se moquait comme d'une guigne de la sonorité de la langue, l'apôtre des grenouilles, tombant dans l'excès inverse, la réduisait à ses seuls calembours. L'ouvrage m'avait amusé quelques instants, mais après trois ou quatre pages, la tête tout embrouillée par ces turlupinades, je cessai de le lire et l'abandonnai. En disloquant les mots au prétexte de retrouver la langue originelle — celle que Dieu avait donnée aux humains pour qu'ils s'entendent et s'entraident —, l'ouvrage ne faisait ouïr que la confusion du sens. Il marquait le début de la grande cacophonie babélienne qui sévit partout aujourd'hui. Inversion maligne ! Comme souvent, l'origine et la fin se tutoient. D'ailleurs, n'en est-il pas de même pour la friche urbaine dans laquelle nous vivons ? De la ville, il ne reste à présent que son plan initial : le tracé de ses rues et l'emplacement de ses édifices. La ruine se confond avec l'épure. Par une de ces boucles facétieuses du destin, l'acte destructeur renvoie à l'acte fondateur.

Parmi mes amis loquaces, certains — à l'image de notre regretté Domino — manient la langue française avec une aisance que j'admire, même s'ils sont parfois coupables d'une incorrection ou d'une inélégance, comme il m'arrive trop souvent, hélas, d'en commettre. Le lecteur doit se rappeler que la langue française est pour l'auteur et ses amis une langue d'emprunt, hasardeuse combinaison de Bossuet et de l'Almanach Vermot, et que, malgré leurs efforts, ils ne sauraient en maîtriser toutes les subtilités, comme ceux dont elle fut jadis la langue maternelle, quand elle était encore nue, vive et fraîche. C'est pourquoi nombre de mes amis estiment que la parfaite maîtrise de la langue française est hors de leur portée, et qu'il est préférable de restreindre leur champ d'étude. Par exemple, mon ami Andouiller, qui a le visage aussi lisse et blême qu'une poire à l'eau-de-vie, mais qui en a aussi le côté tendre et délicieux, a appris le français en lisant la neuvième et dernière édition du dictionnaire de l'Académie, mais il n'a jamais été au-delà de la lettre A et de ses 9 146 mots, à quoi se limite tout son vocabulaire. Aussi, ses discours commencent tous par : « Andouiller Annonce Avec Allégresse... » Et se terminent tous par : « ... Aux Amis Attentifs, Adieu ! » D'autres se sont spécialisés dans les adjectifs, ou bien dans les mots qui sont dépourvus de la lettre « e », ou encore ne connaissent que les abréviations, ce qui n'était pas pour déplaire à Lalie, elle qui usait et abusait des *c't'aprèm, sat'regard'pa, paske-cé-com'sa.* Aujourd'hui, force est de constater que nous avons perdu la maîtrise de la langue. Nous parlons du bout des dents. Il nous manque l'éloquence, la verve, le souffle. Misère ! Misère ! Nous raisonnons, nous ergotons, nous chicanons sur des vétilles. Nous croulons sous les spécialistes. Il y en a pour chaque lettre de l'alphabet, pour chaque mot, chaque phrase. Il y en a pour chaque type de proposition : principale, subordonnée, circonstancielle, relative, causale, complétive, participiale, interrogative, et j'en oublie. Les spécialistes me font l'effet d'une limace sur un fruit, ils ne décollent jamais de leur sujet. Je les admire, mais j'ai toujours répugné à les suivre, ne me rendant à leurs conciliabules que par le respect que l'on doit aux amis savants. Et tant pis pour les fautes !

Derrière une des photographies du coffret, la septième et la plus grande de toutes, qui représentait un sous-bois de feuillus, sans doute de hêtres à en juger par l'aspect rectiligne et lisse des fûts — sous-bois dépourvu de tout élément singulier, sinon le début d'un sentier creux qui s'enfonçait dans les taillis —, derrière, donc, étaient écrits à l'encre bleu marine une dizaine de vers. L'écriture était ample, souple, harmonieuse, presque serpentine, mais elle manquait d'allant, peut-être même était-elle empreinte d'une certaine mollesse. La simplicité des hampes, qui peinaient à s'élever, contrastait avec l'épanouissement des jambages, notamment des « j » et des « f », enflés en partie basse, donnant à l'écriture une forme de sensualité qui s'accordait avec la rondeur fessue des « a » et des « o ». La barre des « t » était presque inexistante, réduite à une petite mèche effilée coiffant le sommet de la lettre. Les vers ou ce qui en tenait lieu, car les rimes étaient absentes et le nombre de pieds tout à fait fantaisiste, ne laissaient pas d'intriguer. La plupart des mots m'étaient inconnus, mais ils semblaient également avoir échappé à l'attention des lexicographes, puisqu'aucun (l'élision est-elle bien légitime ?) des dictionnaires que je possédais n'en faisait mention, soit que ces mots n'existassent pas, soit qu'ils n'existassent plus, tant il est vrai que les mots ont leur saison. Certains mots, comme *berniquade*, *fusterelle*, *estoire*, ou bien des verbes comme *outrecuider*, *désanimer*, *raveugler*, ou encore *torticuler*, que j'avais rencontrés dans des ouvrages très anciens, étaient par la suite devenus caducs. Pour mon compte, je regrette aux premières heures du jour, quand je m'aventure dans les friches de notre cité mourante, la perte de l'*herbelette perleuse*, qui en disparaissant des dictionnaires a disparu tout court. Quant aux mots qui n'existent pas, sinon dans la seule bouche de leurs auteurs, je savais qu'ils pouvaient rembraser la langue comme aucun autre. Si moi-même — privé de toute imagination — je suis bien incapable d'en concevoir, Lalie, elle, habile à en créer, m'en avait fourni maints exemples. Pour revenir aux quelques vers écrits au dos de cette photographie, vers dont j'ignore l'auteur, leur sens était obscur, pourtant il s'en dégageait une atmosphère étrange, lascive, voluptueuse, qui ne m'avait pas déplu, dans laquelle je retrouvais quelque chose de ces nuits où, quittant notre logis et ne revenant qu'aux premières lueurs de l'aube, j'allais me ressourcer en me vautrant dans les marigots.

... sur les feuilles sales et froides de la forêt silencieuse.
Il la déjupe ; puis à l'aise il la troulache,
la ziliche, la bourbouse et l'arronvesse,
(lui gridote sa trilite, la dilèche).
Ivre d'immonde, fou de son corps doux,
il s'y envanule et majalecte.
Ahanant éperdu à gouille et à gnouille
— gonilles et vogonilles —
il la ranoule et l'embouchonne,
l'assalive, la bouzète, l'embrumanne et la goliphatte.

14

Le soir même où j'avais séquestré ma caillette, tandis qu'elle dormait repliée en boule dans une encoignure de la pièce, tremblante, ses petits poings serrés contre la gorge, ses pieds nus dépassant de la couverture posée sur elle, je me souviens de m'être regardé dans l'éclat de miroir que j'avais trouvé en chemin. Ce visage ne me rappelait rien. C'était celui d'un fou, d'un illuminé, peut-être d'un désespéré — une hure percée de deux yeux brillants qu'entourait une herse de poils. Des rides creusaient des ornières dans ma face. Mes dents étaient gâtées. Quel âge avais-je ? Je n'en avais pas la moindre idée. À vrai dire, c'était même la première fois que je me posais la question. Et puis de voir cette gamine couchée à mes pieds, lovée en crosse de fougère, me faisait prendre conscience de la différence qui nous séparait. Depuis quelque temps, quand je soulevais des pierres, charriais de la terre, transportais des grumes d'acacia pour stocker du bois, je me rendais compte que mes jambes et mes bras fatiguaient. La nuit, allongé sur mon grabat, il m'arrivait de me sentir près de mes os. J'avais sans aucun doute dépassé le milieu de ma vie.

Mais, curieusement, d'avoir recueilli cette enfant renversait l'ordre du temps. Je me sentais plus loin de ma fin que je ne l'avais jamais été. Comme si, me retournant sur moi-même, je remontais le fleuve vers sa source. Moi qui, jusque-là, avais vécu sans souvenirs, sans passé, je voyais affluer une multitude d'images enfouies. Pas seulement des images, mais aussi des odeurs, des goûts, des sensations tactiles. Mon corps revivait. Le plus étonnant était que tous ces souvenirs qui resurgissaient n'étaient pas muets. Ils avaient une voix, une langue. Une langue trop lointaine pour être comprise, mais suffisamment proche pour en ressentir les vibrations, une langue qui faisait résonner en moi ma propre enfance.

Ici, nous sommes aguerris pour tuer le temps. Notre destin se confond avec notre déclin. Nous ressemblons à ces insectes éphémères qui meurent avec le crépuscule. D'ailleurs, ici, il n'y a pas vraiment de jour et de nuit, simplement un vague changement dans la teneur de l'obscurité, plus ou moins sombre. Et quand les fumées et les miasmes saturent l'atmosphère, jour et nuit ne se distinguent même plus. Longtemps j'ai vécu au gré de mon seul métronome intérieur. Je mangeais quand j'avais faim, dormais quand j'avais sommeil. Je me laissais entraîner comme un bouchon dans la houle du temps. Pas de vague d'étrave, et le sillage se refermait aussitôt derrière.

Et puis il y a eu la mort de Domino. Ce n'était pas seulement une voix qui s'éteignait, une voix sans pareille, c'était le début d'une ère nouvelle. Il y avait un avant et un après. Andouiller et moi-même l'avions enterré au fond de sa casemate, un livre de Bossuet ouvert posé sur son visage, le nez dans la pliure du livre. L'*Oraison funèbre de messire Nicolas Cornet, Grand Maître du Collège de Navarre, prononcée dans la Chapelle où il est inhumé, le 27 juin 1663,* était déjà bien entamée. La reliure en était disloquée. Des traces de dents se voyaient sur plusieurs feuillets. Domino avait maintenant l'éternité pour les manger et les digérer. Afin de compléter son viatique, nous avions disposé sur son ventre et tout autour de son corps ce qu'il appelait sa réserve stratégique — une trentaine d'ouvrages qu'il conservait intacts pour l'ultime voyage. Chrétien de Troyes, Gace de La Bigne, François de Malherbe, Lautréamont et quelques autres. Avant de nous retirer, nous avions pris soin de replacer sa fibule en ivoire bien droite sur le sternum, de recoiffer les longues mèches argentées de sa chevelure, de polir une dernière fois ses ongles. Sitôt la lourde porte d'acier refermée, après avoir descendu un godet de liqueur de coing pour nous donner du cœur à l'ouvrage, nous avions travaillé toute la nuit à faire disparaître sa casemate, déjà aux trois quarts enfouie. Nous l'avions recouverte de terre, formant un tumulus sur lequel nous disposâmes de grosses pierres irrégulières, des tronçons d'arbre mort, des fascines de buis, moins pour entraver l'érosion du tertre que pour masquer la tombe à la vue des pilleurs. Au matin, alors que nous achevions notre besogne, Andouiller me fit remarquer la présence de deux boutons sur le pied du dahlia que Domino avait entretenu avec tant de soin, deux boutons vert pâle, de la taille d'un gros pois, entourés d'une couronne de languettes dentelées. Face au plant qui ne capitulait pas devant la caillasse et les brisures de macadam, Andouiller se proposa de venir l'arroser tous les jours jusqu'à sa floraison. Après avoir prononcé une longue, très longue oraison, qui débutait par : « Auguste Aîné, Anagnoste Avide, Avaleur d'Albums Année Après Année, Avant-hier Actif, Aujourd'hui Anéanti, Après Aussi Affligeante Agonie... », et s'achevait par : « Âme Amie, Amen ! », Andouiller se retira. Je demeurai seul.

Alors que je venais d'ensevelir celui qui avait été mon maître, je relus à voix haute la lettre qu'il m'avait un jour écrite, lettre que j'avais toujours gardée dans la doublure de ma pelisse, qui restera notre secret non parce qu'elle contient des choses qui doivent être tues, mais parce qu'elle n'a de sens que pour nous, parce qu'elle vient de lui, parce qu'elle s'adresse à moi. En voyant disparaître sous terre mon maître, qui, je crois, ne s'offusquerait pas que je dise qu'il fut aussi mon ami, cette voix qui m'en avait donné une, je décidai de transmettre la langue qu'il m'avait transmise. Aussitôt le temps, le fuyant insaisissable, cessa de s'épancher en pure perte. Mes journées, auparavant si semblables, se distinguaient à présent, ponctuées par les étapes successives du projet que je venais d'échafauder. Dans les semaines qui suivirent, je cherchai un lieu où je pourrais accueillir une jeune élève. La chose n'était guère facile. Au milieu de cette décharge à ciel ouvert où nous vivions, ramassis de ferrailles tordues, de pans de murs troués, d'éboulis pierreux, avec parfois encore visible, surnageant des décombres, un fragment de triglyphe ou une corniche à modillons, au milieu de ce bric-à-brac ouvert à tous les vents, je découvrais le mastaba. Le mastaba tenait du coffre-fort, de l'écrin à bijoux, de l'amphore où mature le nectar, du nid où couve l'œuf, de l'œuf lui-même. Le mastaba était l'Arche au milieu de la tempête. J'en sécurisai aussitôt les abords, enfumai le lieu en faisant brûler du foin pendant trois jours afin d'en chasser les chauves-souris qui par centaines pendaient au plafond. Et, pour plus de discrétion, je libérai mes chiens, des molosses aux poils hérissés de hyène qui ne se firent pas prier pour détaler au plus vite, emportant avec eux leurs crocs et leurs abois. Puis j'organisai le mastaba en logis clandestin, avant de préparer en cachette l'enlèvement de ma future pupille. Je découvrais que le secret revêt tout d'une indicible beauté.

Quelque temps après l'arrivée de Lalie, je décidai d'instaurer, autant pour elle que pour moi, un calendrier qui rythmerait nos activités. Je repris le vieil Almanach Vermot qui, sous sa couverture rouge sang, m'avait servi à lui trouver un nom. J'en scrutai attentivement les pages : l'année comptait 365 jours, divisée en quatre saisons, chacune avec son climat particulier, ses douceurs, ses rudesses. Le temps qui s'écoulait se calait sur le temps qu'il faisait, l'exact contraire de notre climat foutraque où la fièvre brûlante des marais le dispute sans cesse à la neige et au grésil. J'appris que ce cycle annuel correspondait à un tour complet de notre planète autour du Soleil. Même si nous étions privés de la vue de cet astre pivot, j'optai pour le système calendaire. Et puisqu'il fallait bien un début à cette éphéméride, je décidai que le jour où Lalie était arrivée dans notre crèche, tout emmaillotée dans mon gros sac de toile, coïnciderait avec le jour où se voyait dans l'Almanach une illustration figurant un enfant nouveau venu, posé sur de la paille dans une mangeoire, au-dessus de laquelle était écrit sur une banderole maintenue en l'air par deux angelots auréolés : « Et le Verbe s'est fait chair. » Phrase qui m'avait paru énigmatique, mais qui brillait par là même d'un éclat singulier. Éclat que rehaussait encore la majuscule du mot *Verbe*. Mais je dois avouer que c'était d'abord au prix d'un heureux contresens que cette phrase avait résonné dans ma tête. En raison d'une petite tache brune sur la page, j'avais lu le mot *herbe* à la place du mot *Verbe*. Songeant alors à notre terre réduite à l'état de cendre, terre où presque plus rien ne pousse, le mot *herbe* avait sonné pour moi comme une vivante promesse de renouveau.

Le temps qui précédait le jour où Lalie était arrivée serait désormais le temps de l'Avent. Cette première année marquerait l'An 1 du calendrier lalien. Et, afin que les jours ne fussent pas tous semblables, j'adoptai le découpage par semaine, où le septième jour serait chômé. Nous étions convenus Lalie et moi que nous célébrerions sa fête le jour de la sainte Eulalie, douzième jour de février. J'avais conservé les noms des mois tels qu'ils figuraient dans l'Almanach. Ils avaient pour moi un parfum d'Antiquité qui faisait revivre un monde du seul fait de les prononcer. Cependant, ma lettrée en herbe, dès qu'elle sut lire, avait entrepris une refonte complète de leur nomenclature. Désormais les mois s'appelaient Bec-de-plume, Chien-qui-grelotte, Assiette-pleine, Tonnerre-chargé, Voix-du-vent,

Crête-de-poule, Poêle-ronflant, et cætera, auxquels elle avait ajouté un treizième mois, Zut-de-bique, mais qui ne comptait qu'un matin par an. Chaque jour, Lalie cochait dans l'Almanach Vermot la page correspondante, et lisait à haute voix l'éphéméride qui était agrémentée de dessins humoristiques et de rubriques sur des sujets variés, comme la *Fête de l'opinion*, le *Truc dévoilé*, la *Clef des songes*. On y trouvait aussi de nombreuses recettes de cuisine : Perches grillées à la sauce moutarde, Oreilles de porc aux haricots rouges, Meringues citronnées nappées d'un coulis de mirabelles... Certains soirs, quand nous manquions de quoi sustenter nos pauvres estomacs, Lalie dînait de la seule lecture de ces appétissantes recettes. En bonne gastronome d'intitulés culinaires, ma petite gourmande salivait et se pourléchait les babines, tout en s'émerveillant de la faculté qu'avaient les mots de pouvoir éveiller des sensations gustatives presque aussi intenses que si elles avaient vraiment existé. Rien qu'en nommant la fraise des bois ou la menthe fraîche, elle en ressentait aussitôt le goût et le parfum dans la bouche. Pour diviser la journée nous avions fabriqué un grand sablier avec un bidon rempli de sable fin qui s'écoulait dans une jarre graduée. Dorénavant, la poule chantait à l'heure, la bouilloire sifflait avec ponctualité, l'étude arrivait à propos, le repas tombait à pic.

Pour compléter l'Almanach, Lalie tenait un journal des événements *tintamarresques* qui ponctuaient notre quotidien. Elle notait les cris entendus au-dehors, les coups de tonnerre qui martelaient nos nuits, le bourdon rauque du vent dans les conduits d'aération, le crépitement des giboulées sur la dalle du toit. Elle aimait se remémorer certains événements exceptionnels qu'elle avait consignés, comme cette tempête durant laquelle nous avions dû lutter contre une inondation à la suite des pluies torrentielles qui s'étaient abattues pendant quarante jours. Partout autour du mastaba d'invisibles ruisseaux avaient creusé le sol. L'affouillement produit par les voies d'eau avait foré des galeries, ameubli la terre, sapé les assises de notre refuge qui, avec son architecture de cuve quadrangulaire, était passé de l'état de maison ancrée dans le sol à celui de navire à la dérive au milieu d'une mer de boue. Malmenée par le déluge, notre arche résistait, mais, après quelques semaines, l'humidité avait commencé de s'infiltrer. Les parois suintaient. Le plafond était perlé de gouttelettes. Des rigoles de liquide fangeux ruisselaient le long des murs. Le mastaba prenait l'eau. Nous passions nos journées à patauger dans des flaques aux odeurs terreuses de moût de betterave. Il avait fallu placer des cales sous les claies d'osier où séchaient pommes, nèfles et coings, remonter les livres, abriter nos collections. Vivre sur pilotis. La pluie s'arrêta net, mais trois mois plus tard notre bauge n'était toujours pas asséchée. La chaleur ayant succédé à la pluie, nous vivions dans les buées. Tout ce que nous conservions pourrissait. Loulou, qui ne quittait plus son perchoir, maigrissait à vue d'œil. Nos réserves de graines pour la nourrir avaient moisi. À notre plus grand regret, nous décidâmes de la relâcher, mais elle revint quelques jours plus tard, n'ayant sans doute rien trouvé à manger. Lalie, elle, se nourrissait d'insectes qui, avec l'humidité, avaient proliféré, poissons d'argent, scolopendres, cancrelats géants. Elle les avalait tout crus, sans même les mâcher.

Un péril appelant l'autre, des rats, qui avaient établi une vaste garenne dans les caves et les anfractuosités voisines, avaient été chassés par la montée des eaux. Délogés de leur habitat, privés de leurs réserves de nourriture, ils avaient creusé de nouvelles galeries ou exploité celles forées par le ruissèlement de la pluie, développant un réseau de boyaux à l'intérieur desquels ils circulaient comme des étrons dans les intestins. Nous les entendions tout autour de nous se faufiler, fouir, gratter, excaver. Ils s'activaient sans répit. Cauchemar térébrant qui, la nuit, nous empêchait de dormir. Tuteur et pupille, nous étions logés à la même et désagréable enseigne. Le mastaba était miné de tous les côtés, jusqu'au jour où cette armée de rongeurs avait surgi dans notre forteresse — ennemi supérieur en nombre, d'une témérité effrayante. Qui ne s'est jamais battu contre un rat n'a aucune idée de l'agressivité de cette bestiole, de sa résistance à encaisser les coups et de ses insupportables grincements de dents. Les rats s'attaquaient aux provisions, éventraient les sacs, rongeaient les livres. Il avait fallu suspendre au plafond des panières pour stocker les aliments, tendre des pièges, fabriquer des nasses, confectionner des herses de clous dans les conduits d'aération, boucher les trous par lesquels ils s'introduisaient avec de l'argile mélangée à du verre pilé. Mais rien ne les décourageait, ils parvenaient à se frayer de nouvelles voies. C'était là que Loulou, acerbe sentinelle de notre bastide, avait fait preuve de ses redoutables aptitudes. Perchée sur le panneau La Garenne-Colombes, elle attendait immobile que la proie trotteuse passât à son aplomb, fondait sur sa victime, l'encageant dans ses serres et, d'un coup d'un seul, plantait son bec entre les deux yeux de l'animal. Loulou fut décorée à maintes reprises pour ses hauts faits d'armes. Le fléau passé, les murs assainis, le mastaba garda longtemps une odeur de rats.

15

Le soir, Lalie écoutait le vent s'engouffrer par les conduits d'aération. Souffle doux ou râpeux, stridulant ou plaintif, avec parfois un ronflement d'orgue ou un sifflement de flûtiau. Elle en respirait l'haleine fraîche ou chaude comme l'animal flairant sa piste dans la brise du matin. Lalie avait fixé devant chacune des bouches d'aération une longue plume de Loulou, dont l'extrémité, souple et gracile, oscillait au moindre courant d'air. La pointe dessinait le souffle, tantôt avec mollesse, tantôt avec nervosité. Lalie en suivait chaque inflexion. Elle s'employait à rendre visible le plus léger mouvement de l'air. Elle voulait écouter la voix du vent, son phrasé, mais aussi en garder la trace. Pourquoi, demandait-elle, ne pourrait-on pas transcrire le souffle qui sort d'une bouche d'aération, alors qu'on peut transcrire celui qui sort de notre bouche sous la forme de paroles écrites ? Les deux extrémités d'une plume n'invitaient-elles pas d'ailleurs à ces deux manières d'écrire le monde ? Celle au sommet de la hampe, souple et flexible, pour consigner la voix du vent ? L'autre, à sa base, faite d'un tuyau corné que l'on peut tailler et tremper dans l'encre, pour consigner la voix humaine ? Toute à sa rêverie éolienne, elle passait des heures à écouter les soupirs de la terre, la respiration des marais, la plainte des pylônes grinçant sous les rafales. Pour elle, la voix du vent était la semence même des choses, non leur reflet.

Lalie collectionnait les plumes que je lui rapportais. Plumes de chardonneret, fauvette, étourneau. Aigrette de hibou ou de héron. Mais surtout des plumes pour écrire : rémiges de corbeau, de pie, parfois d'oie. Chaque forme de calligraphie avait sa plume particulière. Elle les préparait avec adresse, les plongeant dans l'eau bouillante, arrachant les barbes molles et le duvet, biseautant la pointe à l'aide d'un canif, vidant l'intérieur de la hampe, taillant et incisant le bec. Je lui avais aussi appris à fabriquer de l'encre, une belle encre noire et onctueuse, en mélangeant de la suie récoltée dans le tuyau du poêle avec de la sève de tilleul. Pour les encres de couleurs, nous les obtenions avec du jus de chou rouge, de tournesol ou de feuilles d'épinard macérées dans une vessie de porc, et, pour le bleu, avec une décoction de fleurs de chicorée, mélangée à de la gomme de résineux. Nous avions confectionné une boîte à pigments, des godets, une raclette pour recueillir le noir de fumée. Elle aimait l'idée que l'écriture puisât dans la plume sa dimension céleste, son envol, son inspiration. Mais elle ne démordait pas de cette autre idée que la parole lui demeurait supérieure par son côté immatériel, aérien. J'avais beau essayer de la convaincre de l'importance de l'écriture, elle rétorquait que c'était grâce aux plumes de l'oiseau que les écrits prenaient leur essor, alors que les paroles, elles, n'avaient pas besoin de plume pour s'envoler. « D'ailleurs, ajoutait-elle, ne m'as-tu pas dit que les dieux de la Grèce antique méprisaient l'écriture, et qu'ils ne communiquaient entre eux qu'en se confiant à Hermès, le dieu des paroles ailées ? »

Je lui racontai alors la légende de Philomèle, rapportée par le vieil Ovide. Après mille et une péripéties, le beau-frère de Philomèle, enflammé par la beauté de la jeune femme, l'entraîna au fond d'une forêt, l'enferma dans une masure et abusa d'elle. Afin que cette dernière ne dît rien à sa femme, il lui coupa la langue qui, jetée au sol, murmura ses plaintes à la terre noircie de son sang. Semblable à la queue coupée d'une couleuvre, la langue remuait, se tordait, cherchait en vain à rejoindre celle à qui elle avait appartenu. La pauvre Philomèle pleura toutes ses larmes. Mais elle avait pour elle de savoir écrire. Aussi broda-t-elle sur son mouchoir une lettre à l'intention de sa sœur qu'elle parvint, grâce à une ruse, à lui faire porter. Celle-ci vint aussitôt la délivrer, et les deux sœurs se vengèrent du scélérat. Pour protéger Philomèle de tout acte de représailles, les dieux la métamorphosèrent en rossignol chanteur, faisant de l'épreuve qui l'avait rendue muette le plus beau chant du monde.

Certains soirs, quand Lalie et Loulou dormaient — Lalie en travers du lit, avec des grâces de chatte engourdie, Loulou perchée sur le panneau La Garenne-Colombes, la tête de biais enfouie dans son plumage —, je m'habillais sans bruit, quittais notre repaire, et filais dans la friche en suivant la pente qui mène au fleuve.

À trois cents pas de la rive, j'obliquais vers la droite, longeant des carcasses en béton qu'envahissait une végétation maigre et rase. Plus loin, je contournais un reste d'échangeur routier à demi effondré, sous lequel vivait, et sans doute vit encore, une colonie de miséreux qui troquent peaux de lapin contre alcool de nèfles, puis je rejoignais la berge que les eaux graisseuses du fleuve lavaient avec paresse. La nuit était peuplée d'ombres errantes. Je franchissais à gué un bras d'eau où pourrissaient des aulnes, avant de me diriger vers le bois. À la limite des restes de la ville, j'abandonnais mes frusques au pied d'un mât aux allures de gibet. De là, je me frayais un chemin dans les ténèbres. Les arbres écartaient leurs branches pour me livrer passage, se refermaient derrière moi. J'allais du côté des marécages, j'allais humer l'odeur des humaines, entrapercevoir leur silhouette mouvante, entendre le froissement soyeux de leur corps glissant entre les joncs, mais surtout écouter leur chant. Je me livrais tout entier à ma soif de me perdre dans ce continent barbare, de me consumer en désir. Terre femelle où j'étais moi-même né, mais où?... dans quelle ornière?... La profondeur des futaies était insondable. La compacité des halliers, difficile à pénétrer. Tous mes sens étaient en éveil. Des voix douces susurraient *pssssit!... pssssit!...* S'ensuivaient des craquements... Des formes se détachaient d'un fourré, rôdaient, disparaissaient, soulevant sur leur passage des bouquets affolés de lucioles. D'autres voix sifflaient ou imitaient le gloussement des courlis ou des poules d'eau, *roooûh, roooûh, roooûh... rûh, rûh...* Des appels étouffés se dissipaient dans l'épaisseur de la nuit, entrecoupés de bruits liquides, de clapotis, de coassements. Parfois un cri douloureux écorchait l'obscurité. Des percussions contre des troncs évidés résonnaient sur la peau frissonnante des marais. Des séquences de sons se répondaient. Des corps se frôlaient sans se voir. Au milieu des toisons végétales, je retenais mon souffle. Les jambes tremblantes, je me laissais glisser sur la terre nue, me vautrais sur les mousses, m'enlisais dans la tiédeur des boues. Je retournais dans le ventre dont la vie m'avait séparé. Souvent des orages de chaleur éclataient, électrisant l'air, auxquels répondaient des bruits de succion. L'eau ruisselait sur le sol, cascadait en minces rigoles bordées de lèvres comme faites de chair. Des bourgeons de tubéreuse gonflés par la pluie laissaient sourdre une sève laiteuse. Ma bouche s'ouvrait dans un élan pour téter. Pressée par le poids de mon corps, la terre exhalait ses effluves de sous-bois. La vie grouillait en surface, la mort était présente sous chaque feuille. Parfois, émergeant de toutes ces senteurs entêtantes, une odeur de bouse que sonorisait un bourdonnement de mouches offusquait les narines. J'attendais... J'attendais... Alors, à la faveur de certaine nuit chaude, au milieu de l'obscure touffeur, lourde, visqueuse, une voix féminine se faisait entendre. Une voix modulée, avec des accents plus graves que joyeux, suivis de lentes reprises. Une voix qui tremblait, semblable à un remous sur des eaux calmes. Pas un mot audible, juste une mélodie, un chant léger caressant qui bientôt s'enroulait et prenait la nuit en écharpe. La voix, cristalline, flûtée, aérienne, s'éclaircissait, montait par paliers, haletait, se retenait comme pour faire durer le plaisir, puis d'un coup, avec les stridulations répétées d'un chant de rossignol, s'élevait jusqu'à des hauteurs vertigineuses avant de redescendre en vrille et de se perdre dans la nuit...

Au premier frémissement de l'aube, je filais, ivre de l'ébranlement que cette provende sonore m'avait apporté, de sa douce mélancolie, plus précieuse à mes yeux que la jouissance à laquelle mon corps aspirait. Je regagnais le mât où j'avais laissé mes frusques, puis rentrais hors d'haleine, un souffle au cœur. Mes jambes me portaient à peine. Je me glissais, fébrile, épuisé, dans notre réduit. Ma jeune paresseuse dormait encore, enveloppée dans son sommeil de cristal. Tout en écoutant l'onde sifflante de sa respiration, je lavais ma peau qui rapportait dans ses plis un peu de l'obscurité de la nuit.

Lalie m'avait demandé d'où venait son nom. Nous avions consulté l'Almanach Vermot où l'on apprenait qu'Eulalie, « celle qui parle bien », était une jeune fille peu farouche qui, par ses paroles, avait défié un tyran qui martyrisait les chrétiens. Elle-même torturée, elle continua pendant son supplice à proférer les paroles les plus sages, semblant souffrir avec indifférence les plus cruels tourments. Alors qu'elle expirait, une colombe s'envola de sa bouche, aussi éblouissante que neige. Ce fut sa dernière parole. *La Cantilène de sainte Eulalie*, qui rapporte sa légende, est le plus ancien texte connu d'où découle la langue française. C'est avec cette cantilène que notre littérature avait poussé son premier cri.

Pour rendre plus facile l'apprentissage des mots, nous les écrivions sur les objets. Sur la table était écrit *table*, sur le plafond, *plafond*, sur la casserole, *casserole*, de la même manière que nous le faisions pour nos collections de coquillages ou d'insectes, inscrivant leur nom directement dessus ou sur un petit écriteau. Si certaines choses, il est vrai, se prêtaient mal à cet étiquetage, Lalie s'ingéniait à trouver des solutions, comme de faire flotter le mot *eau* sur un bouchon dans son verre. Notre cambuse était transformée en dictionnaire : on y lisait à livre ouvert. Malgré cet artifice, l'orthographe de ma jeune écolière demeurait fantaisiste, d'autant plus fantaisiste qu'elle inversait souvent les lettres et que, me prenant à témoin, elle soutenait que cela n'entravait nullement la lecture :

> Essyae de lrie ce txete, cher Ffii, tu n'en coriras pas tes yuex, car tu sreas cpabale de coprmendre pafaitermnet ce que tu lis. L'odrre dnas luqeel les lerttes snot plcaées n'a acunue d'iromtpance, la suele cohse qui coptme est que la priemère et la derènire letrte du mot sioent à la bnone palce. La raoisn est que les yuex se moqneut de l'othrogarphe. Et toi qui as tujoours psneé que svaoir corrcetmeent élpeer éatit ipomratnt, tu t'es tomrpé !

Si l'orthographe de Lalie demeurait capricieuse, je dois bien reconnaître qu'elle m'a longtemps taquiné et me taquine encore. Certains mots me jouent des tours, d'autres s'obstinent à me faire trébucher sur les doubles consonnes, comme *trappe* et *attrape*. Et puis certains mots qui me viennent à l'esprit ne trouvent jamais leur place quand j'écris. Je ne sais pas les employer. Pareillement pour les tournures de phrases. Certaines se glissent sous la plume avec une facilité exquise, d'autres se rebellent. J'ai beau essayer de les tordre dans tous les sens, de les reprendre, les retailler, les retourner, elles tombent toujours mal et ont des allures de faux pli. Les tournures de phrases sont comme des vêtements dans une penderie, elles attendent qu'on les porte, mais beaucoup d'entre elles ne sont pas coupées pour moi.

Lalie était curieuse de tout, mais peu concentrée quand il s'agissait d'aborder des sujets abstraits. Elle préférait inventer des nœuds avec des queues de griottes que de disserter sur les idées innées. N'ayant pas d'expérience pour enseigner, j'avais fini par renoncer à traiter de certains sujets. Il me manquait la méthode, mais aussi l'autorité. Lalie ne me prenait pas au sérieux. Elle me trouvait même ridicule de lui parler du monde suprasensible, alors que nous vivions comme des crève-la-faim, couverts de poux, au fond d'une tanière puante. « Et puis, disait-elle, les mots abstraits, comme *absence* ou *infini*, on ne peut jamais les écrire sur ce qu'ils désignent. » Un jour qu'elle me demandait ce que signifiait le mot *providence*, je lui suggérai de regarder dans son *Petit Larousse illustré*. Elle chercha longtemps le mot, se distrayant de tous les rapprochements cocasses qu'entraîne l'ordre alphabétique (panthère / pantin / pantois / pantomime / pantouflard), sautant d'une page à l'autre, d'une illustration à l'autre, quand, soudain, ma petite acrobate du dictionnaire éclata de rire : « Regarde, regarde à quoi ressemblait autrefois un professeur, un vrai professeur ! »

Une illustration montrait un *Professeur de la Sorbonne en tenue.* Aussitôt je pris le parti, avec les moyens du bord, de me coudre une toge brodée de palmes académiques, avec une épitoge à trois rangs d'hermine, un jabot en batiste blanche et une toque gansée de pourpre, à laquelle je me crus autorisé, pour souligner la spécificité de notre académie, d'ajouter une plume de Loulou. Une fois revêtu de la panoplie du savoir, je prononçai debout sur une chaise ma leçon inaugurale qui, sans vouloir me vanter, fit date. Ce jour-là, Lalie ignorait-elle que je désirais secrètement qu'elle sentît que le Savoir était cette magistrale route qui menait jusqu'à moi ? Non, je ne le crois pas. Elle applaudissait à mes simagrées, mais elle était moins ma dupe que je ne l'étais de moi-même.

Une chose en amenant une autre, je dois rapporter un fait dont j'ignore s'il est à mettre au compte de l'espoir ou du désespoir pour les générations futures. Dans notre monde dévasté, marqué par le retour à la sauvagerie, l'anéantissement des bibliothèques, la disparition des langues, le mutisme bestial des humains, un événement considérable, et même prodigieux, se produisit au début de l'An 3 du calendrier lalien. Quelques mois auparavant, Lalie s'était mis en tête d'apprendre à parler à sa poule et de lui enseigner les règles de la grammaire. Elle plaçait Loulou sur son perchoir, la patte attachée par un fil de chanvre, s'installait en face et jouait à la maîtresse d'école avec une rigueur, un sérieux qui clouaient le bec au pauvre volatile. Quand Loulou gloussait au moment adéquat, elle recevait un Bon Point. Lorsqu'elle cumulait cinq Bons Points, elle avait le privilège de voir son nom inscrit au Tableau d'honneur qui trônait au-dessus du perchoir. À force de lui rabâcher durant des semaines les règles de la grammaire, Lalie avait fini, elle, par les connaître par cœur, preuve s'il en est que le meilleur moyen d'apprendre ce qu'on ignore est encore de l'enseigner. Après quelques mois passés à instruire sans grand succès Loulou, un soir, alors que nous dégustions des culs d'artichaut agrémentés de plantain bouilli, excellents d'ailleurs, la poule avait crié : *particip'passé !... particip' passé !...* Puis cinq ou six mots d'affilée. Contre toute attente, Loulou parlait. Semblable à la grive de l'impératrice Agrippine qui chantait en grec sur les balcons de Rome, ou encore au perroquet qui, dans un conte que je lui avais lu, s'écriait : *Charmant-garçon ! Serviteur-monsieur ! Je-vous-salue-Marie !*, elle répétait pendant des heures : *particip'passé-s'accord'en-genre-et-en-nombre !... en-genre-et-en-nombre !...* Peut-être les poules serontelles les derniers êtres vivants à témoigner de la langue française ? Un explorateur qui avait vécu dans l'ancien monde rapporta que, longtemps après la disparition de certaines peuplades de l'Amazonie, il n'était resté de leur dialecte qu'une douzaine de mots prononcés à la cime des arbres par des perroquets.

16

Au début, Lalie entretenait des rapports d'étroite connivence avec le monde qui l'entourait. Un champignon, une fourmi, un caillou étaient des êtres de même nature qu'elle. S'ils différaient par leur apparence, c'est parce qu'ils étaient déguisés en champignon, en fourmi ou en caillou. Mais, sous la variété des costumes que la nature leur avait prêtés, ils étaient capables d'éprouver les mêmes émotions et les mêmes sentiments que les siens. Elle leur parlait, s'enquérait de leur avis, se faisait leur porte-parole : la fourchette n'a plus faim, le morceau de craie plaisante avec l'ardoise, la bouilloire chante. Elle demandait à l'oreiller s'il avait bien dormi ou à la pâte à pain de lui apprendre à changer de forme. Lorsqu'un objet la cognait, elle le suppliait d'être moins dur, au besoin le grondait ou implorait son pardon. S'il existait des frictions entre les choses, c'est parce que, partageant le même monde, elles devaient trouver un terrain d'entente pour vivre ensemble. Il fallait savoir se soumettre à l'occasion, s'imposer quand c'était nécessaire, mais les rôles n'étaient jamais établis une fois pour toutes. Le tabouret n'avait qu'à bien se tenir quand Lalie s'asseyait dessus, mais si le tabouret la faisait tomber, elle s'excusait d'avoir les fesses trop paresseuses.

Dans les semaines qui avaient suivi sa capture, Lalie réagissait au quart de tour. À la moindre contrainte, elle se rebiffait comme une chevrette encordée trop court à son piquet. Quand elle tapait du poing sur la table, cassait une assiette, agitait ses bras en l'air, je croyais que c'était parce qu'elle m'en voulait de la séquestrer. Mais j'avais rapidement compris qu'elle ne m'en voulait pas plus qu'elle n'en voulait à la table, à l'assiette ou à l'air qu'elle remuait. Je n'étais qu'un élément parmi d'autres, et, de loin, pas le plus important. Elle en voulait beaucoup plus à la clef qui fermait la porte qu'à moi-même. Et, des mois plus tard, alors qu'elle commençait pourtant à regarder le monde avec d'autres yeux, elle continuait de s'adresser à la clef avec son parler gamin : « P'tite clef adorable, faudra bien qu'tu sortes un jour d'la cachette à Fifi et qu'tu m'ouv' la porte. Allez ! sors, glisse-toi dans la serrure et tourne deux fois sur toi-même. Si t'es cap de le faire, j'te construirai un grand palais tout tapissé de chows-chows, et que tu s'ras tellement aimée de toutes les serrures, p'tite clef adorable, qu'tu pourras toutes les ouvrir. »

Après sa période animiste, où la seule chose dépourvue d'âme sensible en ce monde semblait être ma personne — elle s'adossait à moi comme on s'adosse à un mur, me montait sur les pieds pour attraper un pot, abandonnait sur mon épaule un torchon sale —, après sa période animiste, dis-je, Lalie avait construit une effigie à la gloire de Loulou. Une effigie réalisée avec des bouts de bois, du crin, des plumes collées à la cire. Les yeux étaient faits avec des billes d'agate. Le bec, avec une canine de marcassin. L'œuvre trônait sur un billot en chêne à côté de son lit. Pour manifester son allégeance à l'effigie, Lalie portait deux plumes accrochées à l'oreille gauche. Entièrement dévouée à sa mascotte, elle la nourrissait, lui apportait des grains d'orge, des vers de farine, la ventilait quand il faisait chaud, s'inquiétait de ses moindres besoins. Elle était persuadée que la mascotte allait pondre un œuf. Elle attendait avec impatience cet heureux événement, et, en effet, un matin, elle me montra, glissé sous le ventre duveteux de l'effigie, un bel œuf blanc prêt à être couvé. Pendant les jours qui suivirent, Lalie le faisait régulièrement pivoter d'un demi-tour comme elle avait vu Loulou le faire pour ses propres œufs. L'effigie était devenue son totem. Le totem instaurait une filiation surhumaine. Il la protégeait de tout ce qui pouvait la menacer, et régissait sa vie, mais aussi celle de tout ce qui appartenait à son clan : les pois chiches, les craies blanches (pas les rouges ni les jaunes), les couteaux, les couvercles, les objets en cuir. En revanche, la table, le tapis, l'escabeau appartenaient à un autre clan, ainsi que les épluchures de pomme de terre et les trognons de chou, qui ne devaient en aucun cas être consommés, car le fétiche n'en mangeait pas. Chaque chose devait se soumettre à certaines règles. Par exemple, ce qui appartenait au clan de Loulou devait toujours être placé au-dessus. Ainsi, Lalie pouvait monter sur l'escabeau, mais jamais passer au-dessous. En cas de manquement, mieux valait aussitôt toucher du bois.

Au début, quand j'avais commencé à composer notre petit musée, je rapportais tout ce que je pouvais glaner dans ce marché à ciel ouvert que constituaient les ruines de la ville, tout ce qui me semblait rare ou insolite, aussi bien un joint de Cardan qu'une quenouille de roseau. Et ces choses, je les plaçais sur les étagères sans me soucier de les ordonner. En quelques mois j'en avais collecté plusieurs centaines. Lalie s'en approchait en silence, les reniflait, mais n'y touchait pas. Un jour, étant resté toute la journée hors de notre cagna, je découvris en rentrant qu'elle les avait toutes déplacées et rangées à sa manière. Une molaire de ruminant jouxtait une brosse en plastique. Une coquille d'escargot, un humérus de chien. Un carburateur de voiture, une branche d'épicéa. Je voyais ses petites narines, plus sensibles que le reste de tout son corps, frétiller avec fierté devant son ouvrage. Elle les avait regroupées en fonction de leur odeur. Celles qui exhalaient une senteur d'humus reposaient sur une étagère près du sol. Celles qui fleuraient le caramel ou la pierre à feu étaient placées à proximité du poêle. Les pièces qui avaient une fragrance capiteuse ou musquée étaient logées en partie haute. Plus bas étaient rangées celles qui sentaient la laine humide et le suint, ailleurs celles qui empestaient le fumet soufré de l'œuf pourri. Il y avait aussi une étagère pour l'âcre odeur du salpêtre et des vieux métaux, ou encore pour l'arôme chaud, fleuri, miellé du foin coupé. Les jours suivants Lalie avait tenté d'affiner sa classification, mais sans parvenir à un résultat qui la satisfît, d'autant moins que certaines choses exhalaient un complexe bouquet d'effluves. Elle décida de joindre au critère de l'odeur celui du goût. Elle suçait et léchait les feuilles, les fourrures, les clous, puis les distribuait selon leur degré d'amertume, de salinité, d'aigreur. Mais la classification par saveur ne recoupait nullement celle par odeur, et même souvent la contredisait. Aussi tenta-t-elle de parfaire son classement en tenant compte du toucher. Le galet, la coquille d'œuf et la feuille vernissée de magnolia appartenaient à la même famille, tandis que la râpe à fromage, la croûte de pain ou la pierre meulière relevaient d'une autre. Un jour elle groupait les choses par taille. Mais le lendemain, elle revoyait entièrement l'ordre de la collection et les reclassait par couleur. Elle essaya aussi de les répartir à l'oreille, différenciant celles qui sonnaient creux ou plein. Elle écoutait la rumeur de la mer dans les coquillages — tu fais trop de bruit ! —, évaluait la résonance d'une timbale, frappait les bois avec des claves. Ou bien elle partageait le monde en choses rapides et lentes. D'un côté, la mouche qui vole, la pierre qui tombe, l'eau qui ruisselle. De l'autre, la tige qui pousse, la limace qui progresse, le cadeau qu'on attend.

Et chaque chose n'était pas uniquement considérée pour ses qualités propres, mais aussi perçue comme le fruit d'une histoire. Lalie me demandait souvent de lui raconter où, quand et comment j'avais trouvé tel ou tel coquillage, tel ou tel os, et, lorsque je ne m'en souvenais plus, elle leur inventait une origine fabuleuse, mais qui n'était pas moins légitime puisque les fables font aussi partie du monde.

Loin d'être une simple accumulation d'objets hétéroclites disposés à la va-comme-je-te-pousse, notre petit musée, grâce aux soins de Lalie, était devenu une œuvre en soi. Les objets étaient distribués selon un système savant de correspondances. À peine le regard avait-il touché un objet qu'il ricochait sur un autre et, de proche en proche, tissait des liens avec la collection tout entière. L'ensemble formait un vaste tableau où le pétale de muflier et le scarabée, non moins que le tire-bouchon ou le rétroviseur, avaient leur place. C'était comme si Lalie avait recréé le monde, mais — comment dire ? — un monde réduit où se donnaient à voir toutes les affinités secrètes qui unissaient les choses entre elles, un monde que l'on pouvait englober d'un seul coup d'œil, semblable à celui qu'enfermait la boule de verre *Souvenir de Paris* — boule que Lalie avait placée au centre de la collection comme un gros œil la reflétant.

Mais c'était surtout Lalie qui rayonnait au centre de la collection, car tout se rapportait à elle, à sa vision du monde. Elle occupait ce point précis où s'accordaient tous les récits, toutes les histoires, toutes les fables qui rendent le monde habitable. De ce point précis qui se confondait avec elle-même, toute la confusion se démêlait. Alors qu'elle n'avait plus que le mot *pourquoi* à la bouche — pourquoi les cerises sont-elles rouges ? les feuilles, plates ? les mouches, agaçantes ? — elle imaginait chaque fois une réponse qui trouvait un écho dans sa propre vie. Si le vent se calmait le soir, n'était-ce pas pour la laisser dormir? Et si le melon était divisé en côtes, n'était-ce pas pour lui permettre de le couper en parts égales?

Notre cabinet des merveilles était un conservatoire. Toutes les pièces collectionnées étaient l'objet de soins particuliers destinés à les préserver et à les mettre en valeur. La mandibule de bovin ou le pignon d'engrenage étaient brossés et nettoyés. Les insectes étaient piqués avec une aiguille de pin dans un morceau de liège. Les petits mammifères, dépiautés, déboyautés, décharnés, voyaient leur squelette monté sur une fine armature en tiges de buis. De ses doigts fins et agiles, légèrement palmés, aux ongles pointus, Lalie excellait à empailler les belettes, les lézards, les crapauds. Et, au vu de ses réalisations, où les animaux figés dans une attitude expressive semblaient plus vivants que morts, je veux bien croire qu'elle n'était pas moins ferrée sur l'art de la taxidermie que ses ancêtres du Cabinet d'histoire naturelle. Une pipistrelle pendue par les pattes au plafond, saisissante de vérité, me faisait sursauter chaque fois que je la voyais. Les limaces et les lombrics, trop corruptibles pour être conservés à l'air, se prélassaient dans des fioles remplies de vinaigre, bouchonnant à la surface ou gisant au fond du verre avec des moues paresseuses de ventouses. Elle affectionnait surtout les mollusques d'eau douce, les odorantes limnées, les auriculettes globuleuses, les luisantines et les gluantes caragouilles. Elle plongeait leurs petits corps visqueux dans une solution dont elle avait le secret, qui, loin d'atténuer la ferme puanteur des marécages où ils avaient vécu, cinglait les narines et empestait tout notre château.

Lalie avait amassé un joli petit matériel pour exercer ses talents de naturaliste, brosses, lames, pincettes, spatules, ainsi que des sels siccatifs et de la glu faite avec une décoction de houx. Une fois la pièce préparée, nous l'examinions longtemps sous toutes les coutures. La pièce tenait l'esprit dans l'attente de ce qu'on allait en dire. Elle appelait les mots qui lui donneraient sa forme, sa matière, sa couleur. Lalie adorait nos leçons de choses. Une fois décrite et nommée, la pièce était étiquetée. Impossible d'imaginer greffière plus tatillonne qu'elle pour calligraphier leur nom sur de petits rectangles d'écorce de bouleau. Mlle Étiquette ne pouvait rien écrire, pas même une virgule, si elle n'avait pas le bon support, la bonne plume, et surtout de l'encre bien fraîche. En écolière appliquée, elle commençait par tirer une ligne très fine après avoir sucé la pointe d'un crayon pour en noircir la mine. Si par malheur la règle bougeait, il en résultait un précipité de mots qui ne figuraient sûrement pas dans son *Petit Larousse* — où donc ma jeune arpette avait-elle appris toutes ces horreurs ? Puis, avec sa meilleure plume, elle écrivait en cursive le nom de la chose. *Pomme de pin sylvestre*, *Râpe à bois demi-ronde*, *Triton vulgaire mâle*, *Belladone des champs*, *Macle de pyrite*, *Bracelet de montre cassé*, *Ciseaux à lames courbes*, *Tire-fond à tête hexagonale*, *Myosotis des marais*, *Bouton de culotte*, *Lézard vert ocellé*, *Fémur gauche de canidé*, *Pépin de courge amère*...

Lalie rêvait d'établir un grand inventaire du monde, un catalogue où serait nommé tout ce qui existait.

Les Hébreux ne disaient-ils pas que Dieu avait créé le monde avec les vingt-deux lettres de l'alphabet ? Le monde était la somme de tous les mots. Et pas seulement le monde ! Car si les mots pouvaient dire tout ce qui existait, ils pouvaient aussi dire tout ce qui n'existait pas — le manque, l'absence, le vide. *Il n'y a aucun arbre ici. Je n'entends rien. Je n'y pense jamais.* C'était comme l'invention du zéro, on pouvait affirmer qu'il n'y a rien. La négation permettait de faire dire à chaque verbe le contraire de ce qu'il disait. *J'existe* n'avait pas d'antonyme, mais on pouvait dire *je n'existe pas.* Quant à savoir si on pouvait le dire sans se contredire, ça c'était une autre histoire !

Si Lalie avait la haute main sur l'agencement de notre musée des merveilles, il n'en était pas de même concernant l'ordre et l'entretien de notre bibliothèque, ou plus exactement de nos deux bibliothèques. Lors du dernier inventaire qu'elle avait dressé, la mienne comptait 149 manuscrits sur parchemin, dont l'histoire illustrée de *Messire Lancelot du Lac, ouquel livre sont contenus tous les fais et les chevaleries dudit messire*, et quelques vélins savants, comme l'*Ortus Sanitatis* duquel le texte latin m'était malheureusement inaccessible. Elle comptait surtout 847 ouvrages reliés plein cuir, dont plusieurs grands in-folio auxquels il fallait ajouter deux caisses remplies de misérables livres de poche au papier jauni et friable, collés sur tranche, qui tous, sans exception, partaient en loques, à croire que la disparition des reliures cousues avait préfiguré celle des livres, qui avait elle-même préfiguré celle du monde civilisé. J'avais été obligé de les ficeler comme des paupiettes pour leur garder un semblant de forme, mais je dois dire que cette lie de l'édition allait bientôt connaître une seconde vie avec la confection du *Cadastre du Chaos*, notre grand œuvre, que je grille d'envie de vous décrire, mais chaque chose en son temps. Lalie, elle, avait sa propre bibliothèque qui, en dehors des manuels scolaires et de quelques livres d'histoire, notamment sur l'Égypte ancienne et ses tombes couvertes d'hiéroglyphes qui la fascinaient, comprenait une bonne centaine d'ouvrages, contes, fables, poésies, bandes dessinées, dont certaines faisaient ses délices : *Les Aventures de Boule de gomme*, *Les Pieds nickelés*, *La Famille Fenouillard*, plusieurs ouvrages illustrés par Benjamin Rabier, ainsi que le *Journal de Spirou* et son réjouissant Marsupilami. Lectrice impitoyable, elle soulignait les passages qui lui plaisaient, rayait rageusement ceux qu'elle n'aimait pas, n'hésitait guère à arracher les pages qu'elle trouvait ennuyeuses ou superflues. De plus, elle écrivait des commentaires acerbes entre les lignes, dessinait dans les marges, collait des rabats ou des tirettes, cornait les pages (elle appelait ça « faire une oreille de chien »), insérait de nouvelles feuilles quand elle voulait compléter l'histoire ou en changer le cours. Ses livres enflés de leurs multiples ajouts, encarts, feuilles volantes et prières d'insérer avaient une allure boursouflée de gros choux farcis. L'essentiel de ses ouvrages était fourré dans son lit, au milieu des miettes de biscuits et des baies écrasées. Le reste, par terre. Raison pour laquelle nous faisions bibliothèque à part, et personne ici, pas même Loulou, ne lui contestait la possession de la sienne.

La huitième et dernière photographie du coffret, comme la sixième — celle qui montrait des bacs en inox remplis de gravats —, avait quelque chose d'énigmatique, et, comme on va le voir, n'était pas sans rapport avec elle. Dans un lieu impersonnel que je ne saurais décrire tant il était remarquable par l'absence de tout élément remarquable — on se serait cru à l'intérieur d'un cube blanc —, était disposé sur le sol un alignement de pots de fleurs. Oui, de banals pots de fleurs, tous identiques, mais sans la moindre fleur. Les pots n'étaient pas vides pour autant, mais remplis à ras bord d'une matière qui semblait moins grumeleuse que du terreau, moins aérée, une matière qui faisait plutôt songer à du mortier solidifié. Si c'était bien le cas, cette mise en scène ne pouvait être que l'œuvre d'un jardinier facétieux qui, privant les pots de leur fonction florale, les avait pour ainsi dire élevés à la dignité d'*objets qui valent pour eux-mêmes*. Bref, un jardinier qui tout à la fois cultivait et dérangeait les usages — était-ce cela, un artiste ? Mais je m'avance peut-être, car j'ignore tout de l'état d'esprit de son auteur. Quoi qu'il en soit, pour nous qui vivons sur une terre où les fleurs ont pour ainsi dire disparu, ces pots emplis de mortier apparaissaient comme des reliques anticipées de notre monde agonisant. Et, vu la salle, vaste et nue, où ces pots étaient présentés, il était difficile d'imaginer qu'ils étaient voués à autre chose qu'à être là, exposés, offerts à la seule contemplation — tout à la fois identiques et multiples. Que dire de plus à propos de cette photographie ?... Je n'en sais rien, sinon rapporter une question que Mlle Étiquette m'avait posée. « Admettons, disait-elle, que tous ces pots soient identiques : si je devais mettre une étiquette sur chacun d'eux avec un nom pour le désigner, faudrait-il répéter chaque fois la même étiquette avec le même nom ou faudrait-il leur trouver chaque fois un nom différent ? »

17

Passé les premières semaines de révolte qui avaient suivi son arrivée à La Garenne-Colombes, j'avais été étonné de voir que Lalie ne semblait pas souffrir de son enfermement. Bien au contraire. Notre bastille était devenue son territoire. Un territoire qu'elle ne cessait d'explorer dans ses moindres recoins et qui s'agrandissait chaque fois qu'elle découvrait un nouveau détail ou une nouvelle manière de l'habiter. Certes, elle écoutait les bruits du dehors, reniflait les odeurs qui nous parvenaient par les conduits d'aération, mais ces bruits et ces odeurs dessinaient les limites de son univers. Esprits follets, ils ne renvoyaient à rien d'autre qu'à eux-mêmes. C'était son horizon. Et, loin de chercher à explorer ce qui était au-delà, elle s'identifiait tous les jours un peu plus à notre gîte avec lequel elle faisait corps. Les murs étaient ses murs. Le poêle était son poêle. Et quand elle se mettait à table, elle s'attablait à elle-même. Semblable à ces sages de l'Antiquité qui, toute leur vie, étaient demeurés reclus dans un ermitage, elle n'aspirait guère à faire le tour du monde, mais à atteindre son centre — ce point de fusion où elle et le monde ne feraient plus qu'un.

Malgré ma gaucherie, mes faux pas, mes brusqueries, elle avait compris que je ne l'avais pas enlevée pour la violenter, encore moins pour me livrer à quelque festin cannibale — même si certaines araignées capturent des pucerons et les engraissent longtemps avant d'en faire leur repas. De plus, mon acharnement à lui apprendre à parler et à écrire l'avait sans doute rassurée sur mes intentions, quoique tout cela dût lui paraître bien suspect. Et, même si nous restions distants, presque sans jamais nous toucher, en tout cas sans jamais manifester de geste affectueux, j'avais gagné sa confiance. D'ailleurs, elle était souvent enjouée, riait de bon cœur. Elle chantait, dansait, virevoltait comme une petite sylphide. Elle aimait inventer des recettes de cuisine, me traitait de gâte-sauce si je suggérais l'ajout d'un ingrédient, prenait plaisir à fumer la viande, à dénoyauter les nèfles, épépiner les coings, écheniller les haricots. Elle se plaisait surtout à agencer notre intérieur et à entretenir les collections de notre cabinet de curiosités. Mais sa grande passion était de se déguiser et de faire son théâtre. Elle se travestissait en perroquet, en porte-plume, en étiquette, construisait des décors qui mettaient sens dessus dessous la baraque. Elle imitait les cris des animaux ou les éructations ordurières de Plikropil, dont elle contrefaisait à merveille la voix caverneuse. Elle répétait pendant des jours des scènes de son cru, où les confidences chuchotées se mêlaient aux déclarations tonitruantes, ponctuées de formules abracadabrantesques. J'étais convié à chaque représentation, ainsi qu'un grand nombre de personnalités locales, M. Balai, Mme Bouilloire, la marquise Coussin, le baigneur en plastique auquel manquait la tête, et bien d'autres encore. Nous formions le parterre des spectateurs. Loulou, naturellement, avait sa loge au poulailler, mais le plus souvent elle était mise à contribution. Comédienne hors pair, elle jouait le rôle de la fée Grammaire, se livrant à de nombreux et gloussants apartés avec la salle. Lalie lui faisait répéter son texte, le seul qu'elle sût jamais apprendre — *particip'passé-s'accord'en-genre-et-en-nombre !* —, un sésame qui ouvrait le spectacle sur un monde de mots, rempli d'intrigues, où les adjectifs se battaient contre les adverbes, où les pronoms faisaient la guerre aux substantifs pour épouser les verbes, où les prépositions se liguaient avec les conjonctions de coordination pour étriller les subordonnées relatives, trop godiches pour composer une phrase à elles seules. Un monde où l'Imparfait damait le pion au Passé simple, lequel avait été dénoncé par ce fourbe de Futur antérieur, dont on ne savait jamais trop à quelle époque il vivait. Et, tandis qu'attendaient en coulisse les formes passives, les formes actives entraient en scène à grand renfort d'interjections. Elles triomphaient des langues pâteuses qui fuyaient en bafouillant des fadaises avant de tomber dans un puits de silence. Tout finissait dans une marée de mots pour célébrer les noces de la princesse Prosodie avec le duc de Syntaxe, qu'entourait une ribambelle de virgules frétillantes, suivie par un cortège de points d'exclamation en goguette. Nous étions presque tous les jours conviés à assister à un nouvel épisode de *Loulou la Caquette*. Tout à la fois drame, comédie, pantomime, guignol, ballet, opéra, avec péripéties en cascade, apothéoses, coups de théâtre et dénouements heureux qui se concluaient invariablement par la canonique formule : « Et les mots se marièrent et eurent beaucoup d'enfants. » On l'a compris, je ne mentionne ces enfantillages que parce qu'ils sont chers à mon cœur. Je m'aperçois d'ailleurs, en écrivant ces mots, que ce qui m'est demeuré le plus présent à l'esprit n'est pas toujours l'essentiel, loin de là, mais seulement ce qui a coloré mes jours d'un rai chatoyant, parfois d'une simple étincelle.

Autre activité favorite de Lalie, la poursuite de la rédaction de sa *Nouvelle grammaire de la langue française*, qui enflait dans des proportions inquiétantes. Elle avait entrepris de noter en une liste interminable toutes les expressions fautives, persuadée que si elle les apprenait toutes par cœur elle saurait les éviter. Pour le dire en d'autres termes : plutôt que d'apprendre que deux fois deux font quatre, elle apprenait que deux fois deux ne font ni un, ni deux, ni trois, ni cinq, ni six, ni sept, etc. S'érigeant en Moïse de la grammaire, elle avait rédigé des tables dont chaque paragraphe débutait par un interdit :

> Tu ne diras pas *je me rappelle de...*
> Tu ne diras pas *après que je sois...*
> Tu ne diras pas *pallier à...*
> Tu ne diras pas *une épingle à nourrice...*
> Tu ne diras pas *baser sur des faits...*
> ...

Après la rédaction des 999 premiers interdits, elle apostasia son ancienne foi et se convertit à la religion positive du : Tu diras...

Par ailleurs, elle collectionnait les clichés, ces expressions usées jusqu'à la corde, qui sont l'asphyxie de la langue, comme *une entreprise couronnée de succès, le sol se dérobe sous mes pieds, un chemin semé d'embûches, une expression usée jusqu'à la corde* (tiens ! celle-là m'avait échappé), et les tournures de phrases toutes faites qui, si on les prononçait à haute voix, auraient en bouche la raideur d'un pic d'apéritif : *je-vous-prie-d'agréer-l'assurance-de-ma-considération-distinguée.* Pour se préserver des poncifs — *un mystère angoissant, une vengeance atroce, un froid polaire* — elle se plaisait à inventer des contre-poncifs : *un mystère apaisant, une vengeance charmante, un froid équatorial.* Et elle excellait à opposer aux formules agglutinantes des formules désagglutinantes : Mouche engluée dans le miel, quand te démouchengluédanlemieleras-tu ? Elle aimait également collectionner de curieux attelages de mots qui, employant un même terme dans deux sens différents, produisaient un effet burlesque : *Il tomba amoureux et de sa chaise. Je ne suis pas dans mon assiette après l'avoir saucée. Il trouvait le temps long et pluvieux.*

En dehors de son talent de dramaturge doublé d'une opiniâtre disposition pour les listes sans fin, Lalie prenait un réel plaisir à la conversation. Elle excellait dans cet art presque impossible à enseigner. La conversation n'a pas de règle, elle possède sa propre logique, suit son propre cours, hésitant, fluide, rapide. Elle est faite de reprises et de chutes improvisées, mais qui sont autant de prétextes à de nouveaux développements. Il ne s'agit jamais de conclure, encore moins de s'entendre sur un sujet, ce qui de toute façon eût été impossible avec ma juvénile contradictrice, mais uniquement de rebondir sur les propos de l'autre, par des réflexions, des digressions, et d'alimenter sans cesse le feu du discours. Nos parleries n'avaient pas d'autre objectif que de passer un agréable moment.

En somme, Lalie semblait n'avoir besoin de rien d'autre que de ce dont elle jouissait dans notre repaire pour être heureuse. Bavarde comme un rossignol, vive comme un roitelet, elle volait d'un rire à un chagrin, d'un chagrin à un fou rire. Cet état de grâce dura trois ans.

Par la suite, Lalie devint de plus en plus souvent triste ou absente, ses longs cils en visière pesant sur ses yeux teintés de l'eau verte des marais. Elle semblait absorbée par des pensées qui m'excluaient. Il est vrai que je ne savais rien de la lagune où elle avait vécu, des paysages qu'elle avait vus, rien des jeux auxquels elle s'était livrée. Et quand elle ne dissimulait pas cette part sauvage derrière un masque d'éclipse, elle faisait peser sur mes épaules la charge de notre relation que j'avais établie par la contrainte. Dans ces moments-là, ma petite prisonnière semblait ne voir en moi qu'un monstre qui l'avait séquestrée pour assouvir sa volonté de puissance. Mais le plus souvent ses reproches restaient muets. Ce n'était pas de la duplicité de sa part, c'était seulement deux univers qui n'avaient rien en commun, qui s'excluaient l'un l'autre. Comment aurait-elle pu mettre des mots sur une vie qui n'avait pas été modelée par les mots ? Une vie sans parole. Plus je m'acharnais à l'éduquer et plus je la mettais en porte-à-faux. Et plus le temps passait et plus je me demandais s'il ne fallait pas tout arrêter et lui rendre sa liberté. De quel droit pouvais-je la forcer à partager ma manière de vivre, mes aspirations ? Était-ce bien certain que le monde que je lui ouvrais, en lui apprenant à parler, à lire, à écrire, était préférable à celui qu'elle avait connu avant ? Monde silencieux, contemplatif, fait de cette infinie patience dont l'animal est capable. Monde ingénu, peut-être limité dans la conscience, mais sans amertume ni arrière-pensée. À quoi bon vouloir parler ? Pour dire quoi ? Et à qui ? Certains sages de l'ancien monde — ermites exilés au fond d'un désert, cénobites reclus dans d'obscurs monastères, ascètes perchés en haut d'une colonne d'onyx — n'avaient-ils pas fait vœu de silence ? N'était-ce pas la meilleure manière de partager le destin commun des êtres animés et inanimés que de s'accorder au mutisme des bêtes, à la paix des plantes, au repos des pierres ? Quelle prétention les humains avaient-ils de vouloir toujours se réfléchir dans des poèmes, des peintures, des symphonies ? Le monde et ses trésors n'étaient-ils pas suffisants pour combler une vie ? Existait-il une forme plus parfaite que celle d'un cristal de neige, une couleur plus pure que celle de l'azur, un parfum plus prenant que l'arôme respiré au creux d'un lis ? Quand je la sentais renfrognée ou revêche à mes propositions, je lui reprochais sa mauvaise volonté ou sa paresse, mais, au fond de moi, je n'étais pas certain que sa résistance fût tout à fait dénuée de légitimité, et qu'elle ne trouvât pas sa source dans le souvenir qu'elle entretenait avec le monde sauvage où elle avait vécu, un monde chargé d'odeurs fugitives, de visions fugaces, un monde qui se déroulait dans un présent continu que n'entravaient ni le regret du passé ni l'attente du futur, un monde flottant qui n'avait d'autre fin que de se couler dans le flux d'une existence vigile. En accédant au langage, les humains étaient-ils devenus plus heureux ou meilleurs ? Le langage parlé était né il y a des centaines de milliers d'années. On ignore quel en était l'usage. En revanche, on sait que l'écriture, inventée il y a seulement quelques milliers d'années, avait d'abord servi à dénombrer des esclaves, établir des impôts, mémoriser des actes de propriété, édicter des lois, exercer un pouvoir coercitif sur des sujets. Rien qui fût vraiment très noble. Combien de temps avait-il fallu attendre pour que l'écriture servît à autre chose qu'à ces basses besognes ? Quel fut le premier humain qui, vivant au milieu d'un peuple de primates illettrés, se sentant un jour délaissé par une amante ou un amant, écrivit sur une tablette en argile le manque qu'il ressentait, et, peut-être, trouva dans les mots gravés plus que ce qui s'était perdu ? Si les mots avaient aussi servi à cela, était-ce suffisant pour justifier que l'on puisse encore apprendre à lire et à écrire ? La beauté de quelques sonnets valait-elle toutes les horreurs que l'écriture avait permises ?

Lalie donnait de plus en plus souvent des signes d'impatience et d'agacement. Parfois, sur ses lèvres se dessinait le sourire de la férocité, aussitôt recouvert par le voile de la douceur la plus séraphique. Parfois elle entrait dans de vives colères, devenait exigeante, me demandait sur un ton comminatoire de lui rapporter, pour le soir même, un crâne de belette avec toutes ses dents, deux boulons avec les écrous correspondants, une tige de saule de la longueur de son lit, une loupe (avec le manche s'il te plaît), me faisant payer son enfermement par des services rendus.

« Et tu pourrais aussi m'offrir des cadeaux de temps en temps ! Si t'as pas d'idée de cadeau à m'offrir, c'est pas la peine de vivre ensemble. »

Elle supportait de plus en plus mal la claustration. Quand elle ne passait pas des heures vautrée sur la fourrure de chow-chow qui couvrait son lit, ou affalée dans le fauteuil crapaud, les membres éployés en étoile, à fixer un point invisible, elle tournait en toupie sur elle-même comme pour se recentrer autour d'un axe, avant de s'effondrer, épuisée. Ou bien elle avançait à cloche-pied jusqu'à la muraille qui jouxtait le poêle, la frappait avec ses poings, reculait et recommençait ce va-et-vient pendant des heures, jusqu'à s'écorcher les mains, poussant à chaque meurtrissure qu'elle s'infligeait un petit cri de gibier blessé. Ou encore elle s'agitait en tous sens, on aurait dit qu'elle cherchait à s'extraire d'une camisole. J'essayais de l'apaiser, sans y parvenir. Elle refusait de parler et de manger. Elle finissait par se terrer au fond de la niche qu'elle s'était aménagée derrière son lit, où elle aimait se confondre avec l'ombre. Un jour, tandis qu'elle dormait j'avais consulté son grimoire : un livre de la comtesse de Ségur, *Le Général Dourakine*, illustré de cent vignettes au trait, dont elle avait fait le recueil de ses états d'âme. Elle écrivait dans les marges, entre les lignes, parfois en travers, mais je n'avais pas appris grand-chose, car elle écrivait dans une langue inconnue, une langue de signes cryptés, pareils à de petits hiéroglyphes, dont j'ignorais s'ils signifiaient quelque chose ou s'ils n'étaient qu'une parodie d'écriture. J'avais cependant vu, à la page 53, au-dessous d'une vignette montrant le fouet avec lequel Mme Papofski battait ses enfants, un dessin peu flatteur (mais fort ressemblant) où elle me représentait en garde-chiourme la tenant par une corde. J'avais également découvert par hasard, au dos de son totem à l'effigie de Loulou, totem que je croyais pourtant être tombé en désuétude, des phrases écrites sur de minuscules morceaux de papier roulés et coincés entre les plumes, des phrases qui, elles, étaient tout à fait compréhensibles :

> *S'il menferme, cest son problème, moi je suis libre dans ma tête. / Un jour viendra où tu sortira… pense à ce jour. / Crois en toi, tiens le coup. / Obtien ce que tu veu. Quand tu veu quelque chose : obtien le ! / Tu ne peu pas rester ici, libère-toi. / Tu sortira, ta vie est là-bas, pas ici enfermé, mais là-bas, là-bas, là-bas !… / Loulou, mon petit Loulou, donne-moi la patience, mabandonne pas…*

J'avais replacé toutes ces paperolles, sans dire à ma cachottière bien-aimée que je les avais lues. Elle voulait retourner *là-bas*, dans le monde, le grand monde, retrouver son indépendance, ses courses dans la lande, retrouver ses bois, ses marais, ses odeurs. Et même si ce n'était qu'un champ de désolation, une lande de marée noire, cette terre funeste était la sienne. C'est là qu'elle était née, qu'elle avait grandi. Un jour, après m'avoir crié qu'elle n'en pouvait plus, qu'elle devenait folle, elle m'avait regardé, défaite, les yeux en larmes, avec un tremblement de bête rudoyée qui implore son maître : « Tu vois que j'suis malheureuse ici, enfermée dans ce trou à rats, tu pourrais au moins m'consoler, m'prendre dans tes bras pour t'faire pardonner. »

La prendre dans mes bras... je ne l'avais jamais fait et n'y avais même jamais songé. Maladroit, je m'étais avancé. J'avais ouvert les bras — des bras qui n'avaient jusque-là embrassé que des fagots de bois, des sacs de sable ou des balles de foin pour les transporter —, ne sachant pas trop comment la prendre. Elle était devenue aussi grande que moi. Peut-être plus grande. Je l'avais prise et serrée, serrée fort, et plus je la serrais, et plus elle me serrait. Nous étions restés enlacés un long moment. Elle sanglotait. Je sentais ses formes pressées contre les miennes, des formes qui n'étaient plus tout à fait celles d'une enfant. Ses courbes, ses rondeurs qu'elle cachait sous d'amples vêtements se laissaient deviner. Et, sans doute, plus profondément, la sève femelle agissait déjà dans ses entrailles pour la pousser vers ce qu'elle ignorait encore. Ses larmes coulaient sur ma joue, ses paroles n'étaient plus que des hoquets d'oiselle blessée, des geignements. Oui, c'est ça, des geignements ! Ce détail semblera peut-être sans importance, mais pour moi qui lui avais appris à parler, entendre cette voix d'ordinaire si mélodieuse, si volubile, cette voix flûtée de rossignol chanteur, entendre cette voix, brisée, étranglée, convulsée, me déchirait le cœur.

Ma péronnelle avait essuyé son nez en le frottant contre mon col. Je lui avais dit qu'au fond j'avais tout imaginé pour la soustraire à ce monde abruti où nous vivions, tout imaginé pour l'accueillir dans ce cocon, afin de lui apprendre à parler, lire, écrire, mais sans jamais imaginer la suite. J'avais tout prévu, sauf l'essentiel. Je m'étais longtemps préparé au bouleversement qu'entraînerait sa venue dans ma vie, mais pas à la catastrophe affective que pourrait entraîner son départ. Et dans mon aveuglement, je n'avais rien vu venir. Les grandes catastrophes arrivent sur des pattes de colombe. Et maintenant je me retrouvais au pied du mur. Il était temps d'envisager l'après, de lui apprendre le seul métier qui vaille, celui de vivre. Je mesurais à cet instant toute la distance qui me séparait de mon niais projet d'instituteur. Quand je repensais à tout ce dont j'avais rêvé la concernant, je me voyais aujourd'hui comme portant dans mes bras l'enfant momifié de mes rêves. Je n'avais peut-être pas fait fausse route, mais la route s'arrêtait là... et j'ignorais la suite... Pourtant, cela ne faisait aucun doute, je souhaitais moins l'emprisonner que la rendre libre, moins l'éduquer que l'initier. Certes, j'avais souvent confondu les deux. Éduquer sent la contrainte. Initier respire la découverte. Je ne voulais pas en faire un perroquet savant, mais lui offrir la possibilité de choisir sa vie grâce au maniement du langage sans lequel le futur n'existe pas.

Pendant ces trois premières années où j'avais maintenu sous séquestre ma jeune élève, non seulement je l'avais privée de sa liberté mais je l'avais soumise à un apprentissage autoritaire. En vertu d'un adage que j'avais lu, je crois, dans un conte provençal, *Plus la corde est courte et plus la bique broute*, je m'étais persuadé que la contrainte stimulerait son appétit d'apprendre. Et cela n'avait pas été tout à fait sans succès, reconnaissons-le. Elle parlait, elle écrivait, et surtout, pensait avec justesse. Mais la méthode avait ses limites, et peut-être n'était-elle pas la meilleure. Domino m'avait raconté qu'un certain sage de l'ancien monde, dont il avait dévoré toute l'œuvre, n'avait été soumis à aucune obligation pendant son enfance et que son père, soucieux de ne rien faire qui pût lui être désagréable, faisait venir tous les matins des joueurs de luth et de viole de gambe afin de le réveiller en musique. Je n'avais pas eu cette délicatesse, et le regrettais. Un jour, alors que je m'entêtais à répéter à ma jeune captive qu'il était nécessaire de la garder encore ici, encore un peu, pour parfaire son apprentissage, elle m'avait répondu : *Plus le maître s'arc-boute et plus l'élève doute*. Cette fois, la leçon était pour moi. J'étais l'élève, elle était le maître. Elle me faisait comprendre qu'il était temps de relâcher la corde, qu'il ne servait à rien de continuer à lui apprendre sous la contrainte. Chercher à convaincre, c'est s'affaiblir — Domino me l'avait suffisamment répété. Cependant je craignais pour elle, et ne pouvais me résoudre à la lâcher, maintenant, toute seule, livrée à son inexpérience dans cette friche cruelle, sachant qu'elle deviendrait aussitôt une proie, que ses jours seraient comptés. Tout en souhaitant relâcher la bride, je continuais de monter à ses côtés une garde canine. Sans doute le moment viendrait-il où elle prendrait son autonomie et partirait, mais sans me le formuler j'attendais qu'un événement le décidât à ma place, moins par pusillanimité que parce qu'il m'était impossible de l'imaginer s'en aller. Elle était devenue une partie de moi-même : la couleur de mes jours, le feu qui brillait dans mes yeux. Elle était comme le chant entêtant du rossignol la nuit.

18

Quelque temps plus tard, après le repas du soir, Lalie, qui avait les mains posées à plat sur la table, devint pâle, fébrile, en proie à une soudaine et violente crise d'anxiété. Sa respiration s'accéléra. Ses yeux s'affolèrent. D'un coup, dans un raffut d'enfer, les étagères tressautèrent et déversèrent au sol tout ce qu'elles supportaient. Autour de nous, tout bougeait, sautait. À peine les premières secousses s'étaient-elles fait sentir que Lalie s'était jetée en boule sous la table, repliant les membranes flottantes de sa blouse sur elle, s'y enveloppant à la manière d'une chauve-souris. Les secousses continuaient, plus brutales les unes que les autres. Les objets, transformés en bestioles, trépignaient, zigzaguaient dans la pièce, sautant d'un bord à l'autre. Nous-mêmes étions des insectes posés sur le dos d'un pachyderme en furie. Bonds. Écarts. Ruades. Suite de détonations produites par des morceaux de plâtre qui, se détachant du plafond, se précipitaient sur le sol où ils explosaient, lançant des milliers d'éclats. Les grondements diminuaient par moments, assez pour qu'on entende la plainte des murs, le grincement des poutres. Puis tout recommençait. La bête se remettait en colère. Secoués en tous sens, nos corps étaient comme désossés, amollis par les trépidations. Des craquements sinistres résonnaient dans mes cartilages. Je m'accrochai aux pieds de la table. Profitant d'une légère accalmie, je rampai jusqu'à la porte, gagnai le tunnel d'accès à quatre pattes, avançant sous une pluie de plâtras. Je sortis en me tenant aux murs... Dehors, barouf du diable! Des éclairs hachaient l'obscurité. Glissement de terrain. Coulée de boue charriant des pierres. Nouvelles secousses. La pluie tombait à grands coups de fouet. Les arbres étaient tordus par la bourrasque. La terre se plissait, se déchirait, s'éventrait. Des milliers de bêtes effrayées, tapies dans l'obscurité, hurlaient. Je m'employai à contenir la progression de la coulée. Piquets, branches, cailloux, détritus, tout ce qui me tombait sous la main était bon pour créer un remblai. Je courais dans un sens, dans l'autre. Des ombres furtives, humaines, apeurées, me croisaient en braillant. Les trémulations se calmèrent. Je passai une partie de la nuit à détourner la coulée bourbeuse qui menaçait de couvrir notre repaire, puis à consolider un parapet de fortune que j'avais dressé pour en protéger l'entrée. Je plantai des pieux qu'entravaient des gerbes de joncs. Quelques grondements lointains se faisaient encore entendre, entrecoupés de silences compacts. Les animaux s'étaient tus, frappés de stupeur. J'étais revenu, épuisé, dégoulinant, les tympans assourdis par le martèlement répété du tonnerre qui avait mugi toute la nuit. Arrivé devant l'entrée, je vis que la porte était grande ouverte... Lalie ! Lalie !... Je me précipitai à l'intérieur, regardai sous la table, sous les meubles, dans la niche derrière sa couche, là où elle aimait se blottir : la niche était vide. Lalie avait disparu. Avait-elle fui ? Quelqu'un avait-il profité du déluge pour mettre la main sur elle ? Plikropil ? Mille-Pattes ? Tête-d'épingle, avec son petit crâne de bête cruelle ? J'avais conscience qu'il n'était pas dans le pouvoir de ces basses crapules de faire bouger les plaques tectoniques pour arriver à leurs fins, mais je ne pouvais m'ôter l'idée de la tête qu'ils y étaient pour quelque chose. S'ils ne l'avaient pas créé, ce séisme, ils n'attendaient que ça pour en tirer parti. Le bénéfice de la catastrophe était leur butin. Je ressortis et hurlai son nom dans la nuit. Mes cris butaient contre le vide. Je fis plusieurs fois le tour de La Garenne-Colombes, m'époumonant à l'appeler, pataugeant dans la gadoue, m'écorchant la jambe sur des bris de verre. La terre, comme affaissée sur elle-même, devenue amorphe, faisait entendre des gémissements de louve blessée. Après une heure passée à tourner et courir, j'étais revenu à l'intérieur, éreinté, douché, couvert de gouttelettes de suie fétides. La bougie était éteinte. Je cherchai à tâtons un morceau d'amadou, et la rallumai. Tout mon corps continuait de trembler comme s'il n'avait pas encore compris que les secousses avaient cessé. Mon pantalon collait à la plaie. Je m'étais déshabillé. J'avais lavé à grande eau ma jambe poissée de sang, l'avais pansée, puis m'étais servi une rasade d'alcool, avant de m'asseoir, effondré. Devant moi, sur la table, encore couverte de miettes de pain et de pelures spiralées de fruits, il y avait une feuille de papier. J'approchai le bougeoir :

Chair fifi, ne tinquiette pas, jai besoin de sortir respirer à mon naise, de vivre en grand,

cest pour respirer que je men vai, Il le faut, jen ai besoin, je ne peu plu vivre comsa, enfermée ici.

Ce n'est pas a cause de toi.

Ce n'est pas non plus à cause de la grosse clef, ce n'est pas elle qui m'a laissée sortir. Cest ma décision.

Rien ni personne ne pouvai me donner la liberté que jai prise, ni maintenan me la reprendre.

Elle m'appartient. Lalie.

Encor un mot : ai confiance ! Je ne peu pas être pour toujour ta petite pie bavarde.

À tout prendre c'était peut-être moins grave que si elle avait été enlevée. Sa fuite était prévisible, mais je n'avais pas mesuré l'urgence de la situation. Elle avait rompu la corde elle-même. Au-dehors, tout était hostile : partout des fous, des furieux, des forcenés, partout la racaille qui fouille et fouaille. Je l'imaginais seule dans cette géhenne. Quelques secousses faibles se faisaient encore sentir par moments. Ce n'était pas la terre qui tremblait, c'était ma main, mon bras, tout mon corps. Les images défilaient dans ma tête. Je la voyais courir, ma pipelette, ma cancanière, ma jaseuse. Je la voyais s'enfoncer en silence dans les ténèbres. Je la savais incroyablement fragile et en même temps d'une solidité à toute épreuve. Les enfants sont ainsi faits, fragiles, car l'expérience doit pouvoir s'imprimer dans leur chair, solides parce qu'il leur faut survivre à cette épreuve. J'allumai une tige de vigne séchée pour la fumer, tirant sur le bout jusqu'à sentir la brûlure me lécher les poumons. Et puis, je me souviens, j'avais souri en relisant sa lettre. Si l'orthographe de ma vagabonde épistolière laissait toujours à désirer — elle qui revendiquait « le droit à la faute d'orthographe » —, la syntaxe était parfaite, non ? Cet accord du participe passé avec le verbe avoir, *la liberté que jai prise...* me plaisait bien. Et son mot ne manquait pas d'allant. J'y retrouvais la belle cadence sismique de son papillonnant ramage. Je n'avais pas d'autre choix que de lui faire confiance, si tant est que l'on pût parler de choix. Machinalement je ramassai sa serviette tombée par terre, la pliai et la glissai dans le rond en bois gravé à son nom. Lalie était intelligente et débrouillarde. Elle avait surtout un instinct animal très sûr, elle savait d'emblée reconnaître ce qui lui était profitable ou préjudiciable. L'alcool et la fatigue faisant leur effet, je m'étais affalé sur ma couche. Le sommeil m'emporta d'un coup...

Sous l'apparence d'une belle jeune femme, presque transparente, à la coiffure incandescente, je vis une salamandre. Elle vivait dans un bestiaire, au milieu d'animaux parlants, elle était servie par un gnome hirsute, vêtu d'une casaque couleur de feu, à boutons d'or. Elle marchait d'un pas alerte et léger sur les braises fumantes de la ville. Elle marchait, le sang froid, se nourrissant de tout ce qu'elle éteignait. Sa foulée laissait derrière elle des empreintes aux reflets de bronze qui s'effaçaient à mesure qu'elle avançait...

Un caquètement, suivi d'un gloussement, m'arracha au sommeil. Loulou était au-dessus de moi et, de sa patte, grattait le bois du lit. Ma tête bourdonnait d'un exécrable mal de crâne.

19

Après la disparition de Lalie, je m'employai à remettre en état La Garenne-Colombes. En dehors du plâtre qui s'était écaillé par endroits, surtout au plafond, et de la porte d'accès dont le cadre était faussé, empêchant de la verrouiller de l'extérieur, notre mastaba avait résisté au séisme. D'une solidité à toute épreuve, il semblait avoir été conçu pour affronter une catastrophe de grande ampleur, comme si son auteur avait préparé le terrain pour une survie en milieu hostile. Une fois le gîte restauré, je m'abrutissais dans l'accomplissement de tâches répétitives afin d'oublier la disparition de ma fugitive. Cependant, tous les matins, au réveil, je montais sur l'édicule qui dominait notre repaire, là où j'avais planté le piquet qui servait de point zéro au méridien de La Garenne-Colombes, et, tournant sur moi-même, je scrutais les alentours, écarquillant les yeux pour voir si elle ne revenait pas. Dans la lumière glauque qui régnait, au milieu des écheveaux de brumes, la moindre fumerolle dessinait sa silhouette fantomatique, avant de se dissoudre dans la brouillasse. Je passais là de longs moments à guetter son retour, puis retournais à mes occupations, le cœur rempli de son absence, une tristesse attachée au cœur comme un vampire. Souvent, sans même m'en rendre compte, alors que je m'affairais dans notre gourbi, je mettais mes pas dans les traces de ses pas comme s'ils allaient me mener jusqu'à elle. Loulou aussi vivait mal sa disparition. Elle picorait sans cesse, elle picorait de façon obsessionnelle, même s'il n'y avait rien à picorer. Et quand elle ne picorait pas à vide, elle s'arrachait les plumes du jabot, les extirpant avec rage, mettant à nu sa chair de poule, blanchâtre, grenue, frileuse, qu'ensanglantaient ses coups de bec répétés. Au bout de quelques jours, son cou et son plastron étaient entièrement dénudés, grêles, horribles à voir. Ne restaient que les pennes des ailes et les plumes du croupion qui, à chacun de ses déplacements, froufroutaient avec des vibratos de tutu. Le pauvre animal me tendait un miroir. L'avant, maigre et déplumé. L'arrière, touffu et empenné. Je me reconnaissais dans cette silhouette grotesque. D'un côté, mon moi émotif était meurtri par la disparition de Lalie. De l'autre, mon moi raisonnable, qui savait que je ne pouvais pas continuer indéfiniment à la séquestrer, approuvait sans le dire sa disparition. J'observais Loulou, me demandant comment elle finirait, curieux de savoir ce qui m'attendait. Après quelque temps, son attitude doloriste évolua dans un sens que je jugeais favorable à la rémission de son complexe d'abandon : elle cessa de s'en prendre à elle-même, reportant son agressivité sur mon oreiller, qu'elle éventra et dont elle extirpa une à une toutes les plumes. Au moindre battement de ses ailes, notre repaire se transformait en nuée duveteuse. Quelques plumules grésillaient au contact du poêle, avant d'être aspirées par un tourbillon d'air chaud, laissant derrière elles une âcre odeur de kératine grillée. Loulou était toujours agitée, du moins avait-elle cessé de se meurtrir. Lentement, les plumes de son jabot commencèrent à repousser. J'étais soulagé. Les humains ont beaucoup à apprendre de la philosophie des volailles. Moi aussi, je revivais, d'abord couci-couça, me dissimulant derrière l'épais feuillage de l'habitude. Le temps cahotait un peu, mais parfois glissait d'une traite jusqu'au soir sans même que je m'en rendisse compte. Je me lavais de nouveau. Le goût des pommes était plus savoureux. Le tabac, meilleur. J'avais repris mes travaux de géomètre et bientôt m'y consacrais à plein temps, d'autant plus que j'avais une nouvelle toquade : non plus tracer, mais mesurer.

Après avoir prolongé autant que je pouvais le méridien de La Garenne-Colombes, suivant un axe nord-sud, et avoir tracé du levant au couchant une ligne perpendiculaire à partir du point zéro — constituant les deux branches d'un repère orthogonal —, je m'étais attelé à la tâche de mesurer les distances. Ayant trouvé une chaîne de quelque vingt-cinq pas de long, assez légère à porter, j'en avais fait ma chaîne d'arpenteur. Je la déroulais le long du méridien et plantais un piquet toutes les dix longueurs de chaîne, en inscrivant dessus par des intailles le numéro à partir du point zéro. Cette nouvelle activité m'accaparait : je n'avais plus d'autre pensée que celle de mesurer. Je m'abîmais dans des calculs de distances, d'unités et de sous-unités, et dans les multiples corrections que je devais apporter afin de tenir compte des obstacles rencontrés et du relief du terrain, avant d'en reporter les indications sur une tablette nouée à ma ceinture.

Les mois passaient. Ayant effectué quelque mille deux cents mesures sur le méridien, bien que limité au sud dans mes investigations par la présence des marécages, terre femelle où il eût été risqué de m'aventurer en plein jour, je partais désormais vers le levant pour mes séances d'arpentage, guidant d'abord mes pas vers l'Éléphant, un mastodonte posé sur quatre pattes, sans tête ni trompe, en pierre de taille, à l'épiderme rongé par les intempéries, qui trônait pesamment au sommet d'une éminence. On y devinait encore quelques inscriptions gravées en partie haute. Arcole, Fleurus, Aboukir, Valmy, Raguse et Austerlitz sont les seules dont je me souvienne. Si le soleil avait pu percer la couche nuageuse, l'ombre énorme, formidable, de ce tétrapode aurait dévalé la pente jusqu'au fleuve. Je continuais ensuite, dirigeant mes pas vers la combe qui menait à la Grande Bibliothèque, que je laissais à main gauche, puis filais vers l'ancien marais. Pas un immeuble debout. À perte de vue, des terrains vagues où les herbes mortes le disputaient aux ordures. Solitaire, au milieu de cette lande détruite, se dressait encore une tour gothique, haute de cent cinquante pieds au moins, à demi enlisée dans les concrétions millénaires de fientes de pigeon, lui donnant une allure pitoyable de cierge excrémentiel fondu, planté là, au milieu de rien. Partout ailleurs, ajoutant au marasme ambiant, des tranchées, des trous d'où s'échappaient quelques ombres fugitives. Çà et là, un arbuste misérable, de la broussaille grise, des brandes pelées, dévastées comme la conscience de ceux qui les habitaient.

Un jour, dans cette zone de l'ancien marais, je fus attaqué par une meute d'enfants armés de pierres et de barres de fer. Postés en embuscade, ils se jetèrent sur moi. L'un d'eux m'ouvrit l'arcade sourcilière, les autres s'agrippaient à mes vêtements pour me faire tomber. Je savais que s'ils parvenaient à me mettre à terre, mon compte était bon. Je fus contraint de taper fort et d'en cogner deux ou trois pour m'en sortir. Mais il me semble que je craignais plus pour la tablette sur laquelle je consignais mes mesures que pour moi-même. Ce qui me frappa après coup, si je fais abstraction du gosse qui portait un masque de Mickey et qui, tout en restant à l'écart, semblait être le chef de la bande, c'est d'être incapable de me souvenir du visage d'aucun d'entre eux. Tous ces gamins avaient la même tête émaciée, le même regard creux, les mêmes gencives dénudées. Ils se ressemblaient tous. La misère a quelque chose d'extraordinairement commun, elle réduit l'être humain à son noyau dur. Il n'y a que dans la plénitude que s'épanouit la singularité d'un visage, singularité qui fait toute sa beauté. Dois-je ajouter que celui de Lalie, si expressif, si vivant, ne me quittait pas ?

Un autre jour, sur le flanc décharné d'une colline, je croisai une gamine édentée qui fouillait des détritus à la recherche de sa pitance. La peau lui collait aux os. Repoussante de saleté, enveloppée de guenilles qui défiaient toute description, elle sursauta et poussa un geignement d'animal apeuré quand elle me vit. Nous restâmes quelques instants immobiles, face à face. Elle me fixait de ses grands yeux perdus. Le fantôme exténué de Lalie se dressait devant moi, je crus défaillir... Troublé, je lui tendis la moitié de la galette d'orge que j'avais dans ma besace. Elle était si craintive qu'elle n'osait la prendre. Elle finit par me tendre les griffes tremblantes de ses mains qui se cramponnèrent à la galette et la serrèrent contre sa plate poitrine. À reculons, elle partit, avant d'aller se terrer entre deux murailles. Je poursuivis mon chemin, habité par l'image de ses yeux tristes et affamés, de son corps aussi maigre que celui d'une araignée. Je l'avais déjà laissée depuis un bon moment, quand, me retournant, je vis qu'elle me suivait de loin en clopinant. J'accélérai le pas, elle continua de me suivre. Quand je m'arrêtais, elle s'arrêtait. Quand je repartais, elle se remettait en marche tout en maintenant entre nous une distance d'une bonne cinquantaine de pas. Elle me suivit ainsi toute la journée. Je songeais à lui parler, mais que lui dire ? De toute façon elle ne m'aurait pas compris. Je chassai de ma tête l'idée que je pourrais la prendre sous ma protection. Je laissai le reste de la galette en évidence sur une pierre et partis à vive allure. Quelques instants plus tard, j'entendis dans mon dos des chiens se battre à mort, sans doute l'avaient-ils devancée dans cette quête impitoyable pour survivre. Je revins par un autre chemin, plus au nord, hanté par son image et par celle de Lalie partie depuis plus de quatre mois.

Un autre jour encore, après une séance d'arpentage qui avait duré près d'une semaine, où j'avais poussé mes travaux de géomètre vers le levant, bien au-delà de la tour couverte de fientes, jusqu'à une colline crayeuse assez escarpée, située à quelque 840 longueurs de chaîne, j'avais pu entrevoir à la faveur d'une éclaircie l'étendue du désastre où nous vivions. Un paysage d'apocalypse. Je contemplais ce spectacle d'une néfaste beauté, quand, brusquement, le ciel se voila. Le paysage entier sombra dans les ténèbres. Les cris des animaux cessèrent. J'étais plongé dans un néant silencieux, ramené à mes seules limites. L'obscurité s'était propagée plus vite que la lumière. Le silence, plus rapidement que les cris. Une éclipse du monde. Je demeurais là, figé sur place, à l'étroit, avec mon enveloppe de peau pour tout lointain. Impossible d'aller au-delà. L'horizon s'était refermé sur moi. Je sentis battre mon sang dans la gorge, bouger mes organes, et je pris peur. Lentement, la lumière revint, grise. Paysage glacé, empli de secrètes et suintantes horreurs. Ce champ de misère était tout ce qui se refusait à ma compréhension. J'aurais voulu disparaître.

Il n'entre pas ici dans mon propos de ranimer la querelle des Anciens et des Modernes pour la simple raison qu'il n'existe plus personne aujourd'hui pour contester à nos amis de l'Antiquité leur maîtrise en matière littéraire et artistique. Le peu qui reste de leurs œuvres et l'impossibilité dans la plupart des cas d'en déchiffrer le sens les protègent d'ailleurs de toute controverse. Pour mon compte, certains jours, j'aurais souhaité disparaître dans un de leurs récits, voire dans certains tableaux que j'avais vus reproduits dans des livres, ou encore dans l'une de ces fresques qui ornaient les restes de la Grande Bibliothèque, représentant des frondaisons d'un vert tendre se détachant sur un ciel azuré que sillonnaient des hirondelles. Oui, j'aurais voulu disparaître, j'aurais voulu être comme ce peintre antique, emprisonné par un tyran, dont on rapporte que, pour échapper à la noirceur de son époque (la chose n'est donc pas si nouvelle !), il s'était enfui dans le paysage idyllique qu'il avait lui-même peint sur les murs de son cachot.

Le soir même j'étais rentré à La Garenne-Colombes, éreinté, le cœur lourd — de plus en plus lourd à mesure que j'approchais de notre mastaba. La terre était givrée. La marche du retour m'avait semblé longue. J'avais les jambes remontées dans le ventre. L'idée de me retrouver seul dans cette turne humide et froide, de devoir préparer mon manger avec, pour seule interlocutrice, Loulou gloussant son sempiternel *particip'passé-s'accord'en-genre-et-en-nombre* me déprimait à l'avance. En poussant la porte, une bouffée de chaleur enveloppa mon visage. Un feu gai ronflait dans le poêle. Deux assiettes et deux verres brillaient sous la lueur d'un bougeoir. Lalie était là, préparant le souper, fière, radieuse. Elle avait encore grandi et sa tignasse s'était fortement épaissie. Nous étions restés un moment à nous regarder, à nous sourire sans bouger. Mon trésor, ma perle, ma cancanière était de retour ! Laissant tomber ma chaîne et ma besace, je m'étais précipité vers elle pour la prendre dans mes bras. À peine l'avais-je prise qu'elle m'avait repoussé sans brusquerie, me tenant à distance avec la main. Elle était revenue, mais ce n'était pas un retour.

Nous dînâmes. Notre discussion se prolongea tard dans la nuit.

Désormais Lalie était libre d'aller et venir. Je ne fermais plus la porte quand nous étions à l'intérieur. Seule une targette permettait de la verrouiller contre d'éventuels rôdeurs lorsque nous y dormions. Profitant de sa nouvelle liberté, Lalie ne cessait de sortir et de rentrer. Une porte battante entre le dedans et le dehors. Elle prenait part au destin de la maison, aux travaux de consolidation des abords. Elle partait ramasser du bois, cueillir des baies et des champignons, du pissenlit, des bouquets d'ortie blanche. Nous chassions ensemble, mulots, hérissons, ragondins. Elle m'apprit plusieurs nouvelles manières de tendre des pièges aux fouines ou encore de faire sortir les taupes de leur terrier. Elle avait aussi inventé une méthode très efficace pour capturer des grives dans les taillis, avec un double lacet, fait d'un crin lové en huit.

Lalie prenait également part aux séances d'arpentage. Elle avait eu l'idée non pas de reporter les mesures en les inscrivant sur une tablette ou sur des feuilles volantes, comme je le faisais jusqu'alors, mais d'établir une carte à l'échelle 1/1 000e, en figurant les éléments les plus saillants du paysage, carte qu'elle avait solennellement baptisée le *Cadastre du Chaos*. Ce n'était plus un morne registre de notations alambiquées, mais une somptueuse carte pour la fabrication de laquelle nous avions dû recycler le papier d'une trentaine de livres de poche, d'abord en découpant les pages (mais le plus souvent elles se détachaient d'elles-mêmes), puis en les laissant tremper dans une solution de saumure pour en retirer l'acidité. Une fois séchées, nous les avions assemblées en trois couches superposées, les enduisant avec de la colle d'os mélangée à de la poudre de craie, pour former six grandes feuilles blanches de sept coudées sur cinq. Dans la journée nous quadrillions le terrain. Tandis que je m'échinais à mesurer, Lalie excellait à dessiner les ruines, les arbres morts, les souches, l'enchevêtrement des broussailles, les carcasses de véhicules, les pans de murs. Elle réalisait des croquis sur le motif, puis les reportait le soir sur la carte comme s'ils étaient vus à vol d'oiseau, prenant exemple sur les plans de jardin qui figuraient dans le traité d'Antoine-Joseph Dezallier d'Argenville, qu'elle aimait tant. Le *Cadastre du Chaos* s'enrichissait tous les jours de nouvelles notations. C'était une carte superbe ! Jamais le désordre n'avait atteint un tel degré de splendeur. Jamais la confusion n'avait été figurée avec autant de clarté. Pour consacrer la magnificence de ce pandémonium, Lalie donnait un nom à chacun des éléments remarquables des sites que nous parcourions. La toponymie de ce somptueux gâchis n'avait plus de secret pour elle : le Plateau-Cramoisi, le Pylône-à-Trois-Cornes, la Grande-Bouse, le Cratère-des-Décharges, la Vallée-des-Bulldozers-Morts, le Mont-Corbeaux, la Souille-Rouge, le Défilé-des-Pendus, le Beffroi-des-Fientes, les Deux-Ornières, le Cimetière-des-Mille, la Pataugeoire, le Champ-de-Bennes, ou encore le Sentier-qui-Mène-à-Rien. Et, pour chacun de ces sites, elle variait la typographie et les couleurs. Certaines zones, demeurées vierges sur la carte, étaient frappées de l'infamante mention *terra incognita*. Mais à plusieurs reprises j'avais surpris ma talentueuse cartographe en train de contempler ces zones vierges avec un air rêveur. Elle s'y promenait en caressant doucement l'étendue inexplorée avec la pulpe des doigts.

À certains endroits de la carte, le texte imprimé sur les pages des livres qui avaient servi à sa confection avait fini par transparaître sous l'enduit à la colle d'os. Ainsi notre cadastre palimpseste laissait-il voir, çà et là, des bribes de phrase imprimée. À côté d'un reste de contrefort gothique, on lisait : « Je croy que ces marroufles voulent que je leurs paye icy ma bien venue... Lors en soubriant destacha sa belle braguette, et tirant sur sa mentule en l'air les compissa si aigrement, qu'il en noya deux cens soixante mille... » Un peu plus loin, une ossature de locomotive était barrée par : « Comme il n'était pas à la mairie, Pécuchet se rendit chez l'épicier... » Un énorme rocher mazouté se voyait, lui, auréolé de l'inscription : « ... n'entre pas sans désir. » Et, un peu au-dessous, au milieu d'un bourbier où macéraient des troncs morts : « Dieu me soit en aide, messires ! dit l'archidiacre. »

Occupés par nos tâches domestiques et cartographiques, Lalie et moi vivions en bonne intelligence, malgré quelques querelles de routine, mais ces petits orages passaient rapidement. Les raccommodements étaient toujours plus avantageux que les chamailleries. Je savais qu'un jour Lalie s'en irait pour de bon. Je devais apprendre dès maintenant à la perdre, sans quoi la crainte de la voir partir m'empêcherait de jouir des moments que nous partagions. Les saisons passaient.

20

En dehors de notre travail cartographique, nous nous promenions souvent. Lalie aimait fouiner, fureter. Avec une agilité de jeune animal, elle escaladait les éboulis, se glissait entre les pans de murs, franchissait les fossés, grimpait aux arbres, pénétrait le ventre des taillis. Elle aimait l'imprévu de nos déambulations. Dans ce paysage qui n'avait rien de beau, mais qui parfois, quand le ciel s'embrasait comme la gueule de l'enfer, avait des accents sublimes, nous étions à l'affût de la moindre nouveauté. Quoi de plus merveilleux qu'une rencontre ! Nos promenades n'avaient pas d'autre but que de nous laisser surprendre par un animal qui déboulait d'un fourré, par une carcasse de tractopelle surnageant au milieu d'une mare, ou encore par un arbre qui, au détour d'une ruine, dressait son squelette dans une zone désolée. Plaisir de s'approcher pour regarder la chose de près, de se tenir debout devant elle, de tourner autour, plaisir de se laisser surprendre par le cri d'une corneille qui signalait notre présence à des congénères. Lors de l'une de nos promenades, dans la zone de l'ancien marais, non loin du Beffroi-des-Fientes, entre les deux bras du fleuve envasé, au milieu d'un amoncellement de blocs de calcaire envahi par les ronces, où se dressaient encore quelques contreforts inutiles, arcs-boutants adossés au vide, piliers massifs supportant une nef de brouillard, et où l'on ne croisait que de gros rats jaunes et ventripotents, nous avions trouvé une tête de gargouille sculptée en pierre, fardée de mousse. Ses babines retroussées, sa gueule crantée de dents, son mufle de ruminant, ses yeux exorbités n'étaient pas sans évoquer à Lalie une tête connue. Elle me regarda, puis regarda la gargouille, avant de me regarder de nouveau... D'un coup, elle éclata de rire !... Je ne comprenais vraiment pas pourquoi elle riait. Elle s'obstina à rapporter cette hideuse tronche à La Garenne-Colombes. Nous l'avions, nonobstant son poids, traînée dans un filet jusque dans notre antre et placée sur l'une de nos étagères. Chaque fois qu'elle jetait un œil sur ce dégorgeoir patibulaire et qu'elle me regardait ensuite, elle se remettait à pouffer. Une autre fois, presque au même endroit, nous avions trouvé un coq en cuivre martelé, bec ouvert, ailes levées. La bestiole, traversée d'un axe, avait dû servir de girouette. Lalie était aux anges : une sculpture figurant un ancêtre de Loulou ! Elle remplaça son totem, qui, ayant perdu un œil et une patte, avait également perdu son rang de génie tutélaire, par ce beau gallinacé que l'oxydation avait rendu vert-de-gris.

Depuis qu'elle était revenue, Lalie avait procédé à une réorganisation complète du terrier. En dégageant les pierres qui obstruaient l'une des niches, elle avait mis au jour deux salles contiguës, ainsi qu'une ancienne cuisine équipée d'un plan de travail et d'un placard empli de casseroles, si propres, les casseroles, qu'elles semblaient avoir été astiquées la veille. Dans un renfoncement, il y avait aussi un cabinet de toilette, ou ce qu'il en restait. D'autres boyaux avaient été dégagés. Notre terrier était en fait une vaste garenne. Sans doute ce lieu n'était pas, comme je l'avais d'abord cru, le sous-sol d'une habitation, mais l'habitation elle-même. Plus j'étudiais la géométrie de son architecture, son agencement d'une rigueur fonctionnelle admirable, et plus il me semblait que son concepteur s'était construit sous terre une sorte de retraite ou d'abri pour une éventuelle vie future. En somme, nous étions logés à l'enseigne du temps à venir. Je ne pouvais m'empêcher de louer cet anonyme bienfaiteur à qui nous devions d'avoir inscrit nos vies dans une histoire commencée de longue date. Lalie avait aménagé ces nouveaux espaces pour elle. Elle avait aussi, dans la pièce principale, déblayé l'âtre d'une cheminée, dont le conduit était obstrué, mais qui possédait encore sa plaque en fonte où figurait en bas-relief une salamandre sur fond fleurdelisé.

Autant Lalie avait été désordonnée tant que je la séquestrais, autant elle était devenue maniaque de l'ordre depuis qu'elle s'était octroyé la liberté d'aller et venir. Elle rangeait tout, briquait, astiquait. Rien ne dépassait. Elle était devenue la fée clinique d'un logis aseptisé, puant de propreté. Elle me reprochait mon désordre, mon manque de logique pour agencer et ranger les objets domestiques. Rien ne devait traîner. Elle jetait le superflu, triait l'optionnel, distribuait le nécessaire. Par ailleurs, elle avait repris le classement de nos collections avec une ardeur et une rigueur toutes nouvelles. Ce n'était plus un cabinet des merveilles, plein d'associations inattendues et de correspondances enchanteresses, mais un sévère muséum avec ses différents départements. Désormais chaque règne, minéral, végétal, animal, était séparé. Et chacun d'eux était divisé en sections, sous-sections et sous-sous-sections, suivant une hiérarchie qui n'avait plus aucun rapport avec la perception qu'en avaient nos sens, mais avec l'invisible et despotique raison. Possédée par le démon de la rationalité, Lalie fuyait les ressemblances faciles, redoutait les rapprochements illégitimes. Quand nous partions herboriser — récoltant aube-vigne, rampille, viaune, passe-velours, coquerette, barbe-de-chèvre, et d'autres qui ne disaient pas leur nom —, loin de folâtrer gaiement dans les champs, fussent-ils de ruines, il fallait procéder de façon méthodique, en suivant un tracé préétabli, ne laissant aucune place au hasard. Tout était carré, net, sans bavures, débarrassé des histoires et des fables qui étoffaient la vie des êtres et des choses.

Cette connaissance asséchée me semblait bien austère et, pour tout dire, sans saveur, mais j'étais impressionné par l'impitoyable logique avec laquelle Lalie procédait. Sa furie classificatrice était payée d'insomnies. Chaque chose devait avoir sa place dans la grille qu'elle avait établie, et chaque case de la grille devait être remplie non par un spécimen quelconque, mais par le type caractérisant l'espèce. Et il fallait que le monde tînt dans son cadre. Si le monde faisait éclater le cadre, elle trouvait que c'était le monde qui avait tort. Les choses qui n'entraient dans aucune case étaient des monstres, des vilains petits canards — sa bête noire. Et, croyez-moi, dans le monde bancroche où nous vivions, ils ne manquaient pas ! Où placer l'œuf à double jaune, les souris siamoises, le lapin cyclope, le mouton à cinq pattes, sans parler du trèfle à quatre feuilles, de l'amande philippine, des macles de cristaux, et de toute la tératologie animale, végétale, minérale ? Elle ne tolérait l'existence de ces intrus qu'en les maintenant dans la marge. Rien ne devait déborder. Fallait-il donner un nom à tous ces mistigris de la Création ou les laisser dans le néant du non-dit ? Inflexible, elle considérait que ces êtres innommables ne méritaient pas d'être nommés.

La phase maniaque s'estompant, Lalie s'était employée à donner un air plus coquet à notre taudis, à le parer de tous les raffinements imaginables, de tous les ornements qu'elle aimait composer, heureuse de faire montre de son talent. Cette petite gaupe arrachée à la vase des marécages brodait les serviettes au point de croix, napperonnait les tables, ornait les tentures de franges, équipait les cordons de glands, marquetait les meubles, dessinait des rinceaux et des arabesques sur les corniches, gravait les montants des lits de motifs floraux, sculptait le moindre manche en bois, peignait sur les parois des guirlandes d'angelots joufflus, mais surtout des ribambelles de figures animales, notamment des singes : gibbon cendré, macaque à longues jambes, sagouin touffu, magot à camail roux, sapajou hurleur, et bien d'autres qu'elle avait vus reproduits dans les deux volumes reliés en cuir vert de l'*Histoire naturelle générale et particulière des singes* du comte de Buffon, publiée à Paris, chez Dufart, en l'an IX. Elle en avait recopié avec fidélité les soixante-dix-neuf planches hors-texte, gravées à l'eau-forte, avec une prédilection pour les singes arboricoles, ces animaux de l'ancien monde qui, avec leur longue queue préhensile, pouvaient se suspendre aux arbres. Le grand naturaliste du Jardin du Roi disait qu'ils étaient d'extraordinaires acrobates, et qu'ils ne vivaient que pour s'amuser et se balancer au bout de leur queue, la tête en bas, pleins de malice et de lubricité, à l'image du ouistiti dont Lalie prononçait le nom avec une mine réjouie. Aussi les représentait-elle dans toutes les attitudes facétieuses imaginables. Elle excellait à ces singeries pittoresques qu'entrelaçaient de volubiles renonculacées. N'était-ce pas dans les ornements les plus raffinés ou les plus délicats que les humains pouvaient regarder sans trop frémir leur origine simiesque ?

En quelques semaines notre terrier était devenu un éclatant exemple du style rocaille, peuplé de figures extravagantes, mi-végétales mi-animales, de mascarons grotesques, avec des treilles et des pergolas en trompe-l'œil, à faire pâlir d'envie les plus charmants boudoirs rococo. Par la suite, ayant saturé l'espace disponible, Lalie sculptait dans du buis, avec une pointe d'aiguille, des scènes minuscules qui logeaient dans le creux de la main ou dans des coquilles de noix. La loupe n'était jamais assez grosse ! Elle avait, entre autres choses remarquables, exécuté un modèle réduit de notre logis, avec ses meubles, ses tapis, sa bibliothèque, son poêle, sa bouilloire, si petit que même un lilliputien n'aurait pu l'habiter.

Lalie ne se contentait plus d'endosser les frusques que j'avais récupérées. Elle faisait elle-même son marché. Devenue chiffonnière, elle chinait des toiles de jute, des chutes de nylon, de coutil, de ratine, des étoffes de lin ou de chanvre, des bâches en plastique, mais également des fripes usées, ne reculant pas devant celles qui étaient imprégnées des effluves de ceux qui les avaient portées. Elle préparait et tannait elle-même les peaux de lapin, de taupe ou de petit-gris, qu'elle transformait ensuite en manchon, capeline ou boa. Coupant, cousant, ourlant, piquant, elle confectionnait ses fanfreluches qu'agrémentaient colifichets et accessoires. Devenue coquette, elle se flattait d'être toujours tirée à quatre épingles. Elle adorait s'habiller à la mode antique : *T-shirt*, *sweat*, *blue-jean*, *baskets* (anglo-antique, pour être exact). Mais, en digne héritière de Nana, mam'zelle ne renonçait ni aux robes à tournure ni aux voilettes qu'elle découpait dans du filet de camouflage. Par ailleurs, déterminée à donner une forme aux torrents de filasse qui couronnaient sa tête, ma lorette avait décidé, suivant une illustration qu'elle avait trouvée dans un volume de *La Parisienne*, de se faire un chignon crêpé, encadré de deux longues torsades déroulant leurs boucles sur la nuque. Elle se pavanait, arborant avec fierté d'amples décolletés aux larges échancrures, ou des hauts courts laissant voir la rondeur charnue de son ventre. Un jour que je lui reprochais d'être insuffisamment couverte pour sortir, elle me répondit qu'une femme élégante ne saurait avoir froid.

Pour confectionner ses toilettes, Lalie avait fabriqué un mannequin de couturière en osier. Elle avait pris exemple sur les illustrations de plusieurs vieux magazines de mode, mais dans lesquels, curieusement, les mannequins étaient presque tous dépourvus de tête. Ma cousette, elle, voulait une tête. Son mannequin se devait d'être un double complet d'elle-même, un sosie d'osier. Mais, hormis pour la confection de quelques bâtis, Lalie était surtout son propre mannequin. Elle possédait tout ce qu'une raide cariatide de couturière ne possède pas : allures et gestes. Marcher, se retourner avec grâce, faire froufrouter un jupon, onduler une robe à volants ou osciller une aigrette sur un bibi exigeaient un art qui n'était pas à la portée d'un pantin.

Lalie m'avait demandé pourquoi les objets inanimés étaient masculins ou féminins. Pourquoi disait-on *le* jupon, *le* corsage, *le* bibi, et non pas *la* jupon, *la* corsage, *la* bibi? Pourquoi les mots avaient-ils un genre? La question était délicate parce qu'elle touchait à l'intimité des objets. Mais surtout parce qu'elle risquait de réveiller un conflit de sinistre mémoire — la guerre des Genres. Conflit sur les ruines duquel nous tentons vaille que vaille de survivre. Le genre, lui dis-je, en baissant la voix pour ne pas risquer d'être entendu par une oreille malveillante, le genre était sûrement apparu autrefois pour satisfaire un besoin de clarté. Il permettait de caractériser des oppositions perçues comme significatives : *le* ciel et *la* terre, *le* jour et *la* nuit, *le* soleil et *la* lune, ou *le* feu et *l'*eau. Si son utilité avait en partie disparu par la suite, cette distinction avait perduré dans sa forme, car la forme est souvent plus têtue que le sens. La forme est une boîte créée pour ranger quelque chose, mais qui peut servir ensuite à ranger autre chose. En persistant, ces oppositions avaient continué de modeler notre perception. Dire *le* soleil et *la* lune déterminait le rôle que nous leur assignions. D'autres langues faisaient du soleil un être féminin, et de la lune un être masculin. De les avoir ainsi sexués instaurait des relations symboliques entre elles, qui faisaient la complexité et, disons-le, la richesse d'une langue. Et aussi, parfois, tout son sel, quand, par exemple, le masculin et le féminin s'amusaient à échanger leur rôle pour mieux brouiller les pistes. Ne dit-on pas *le* vagin, *le* clitoris, *le* con, mais *la* verge, *la* bite, *la* pine ? Ces inversions étaient un appel à apparier les mots entre eux, tout en soulignant la porosité des genres. Les êtres n'étaient jamais tout l'un ou tout l'autre, mais un fertile mélange de l'un et de l'autre avec lequel le locuteur pouvait jouer. La poésie, encore attentive aux formes de la langue, à ses accords souterrains, y était très sensible. Le genre des mots était par ailleurs plein de finesses. Certains mots, comme *enfant*, *œuvre* ou *orgue*, étaient hermaphrodites (les grammairiens disent *épicènes*, je crois). D'autres modifiaient subtilement leur sens selon qu'ils étaient employés au masculin ou au féminin, tout en restant attachés à la même racine, comme *le* moral, *la* morale, ou bien *le* fil, *la* file. Et puis, si la plupart des langues possédaient des genres, leur nombre était variable. Il existait des langues, comme le swahili, qui en comprenaient six, ou, comme le fulfulde, qui en comptaient vingt. Mais surtout la différence des genres permettait de multiplier les combinaisons de la même manière que pour les êtres sexués. Certaines plantes et certains animaux rudimentaires n'ont pas de sexe : ils demeurent *neutres*. Quand ils se reproduisent, ils ne peuvent se reproduire qu'en se dupliquant par clonage. C'est facile, mais ils ne varient jamais. Ils vivent tristement entourés de copies d'eux-mêmes. Tous les chardons sont identiques, tous les pucerons aussi. En revanche, les plantes et les animaux qui sont divisés en mâles et femelles croisent leur singularité et sont tous différents. Pareillement pour la langue. En combinant des mots de genres distincts, la langue offre une variété de nuances infinie, un monde où le clair-obscur n'exclut pas les demi-teintes. La guerre des Gaules, la guerre de Cent Ans, les guerres de Religion, les guerres napoléoniennes, les guerres coloniales et les trois guerres mondiales avaient, à elles toutes, causé moins de morts que la guerre des Genres. C'était à peine si les escarmouches des premières pouvaient être comparées aux massacres de la dernière. Massacres qui, en plongeant la langue dans la débine, avaient précipité la fin du monde civilisé.

21

Après la phase du cabinet des merveilles, puis la phase maniaque où toute chose devait entrer dans une case — ô ma naturaliste apprentie, j'avais craint le pire ! —, Lalie s'était lassée des collections alignées sur des rayonnages, lassée des plantes cataloguées dans des herbiers, lassée des papillons épinglés, des animaux empaillés, des squelettes montés, classés et numérotés. Quel sens avaient toutes ces choses arrachées au milieu qui était le leur ? Un monde d'étagères qui prenait la poussière. Certes, elle avait aimé cueillir et faire sécher des graminées entre les pages d'un livre, capturer des rongeurs, les dépouiller de leur fourrure, les naturaliser, les river à une planche et les étiqueter. Saisir, fixer, conserver, nommer avaient été sa passion. Mais cette passion s'était tarie. Elle regardait maintenant avec ennui tous ces petits cadavres sacrifiés sur l'autel de la connaissance, pareils à des peluches dont les ressorts enchanteurs seraient brisés. Ou, peut-être, cette passion n'avait-elle été qu'une étape vers une autre manière de regarder le monde, car elle préférait désormais épier les animaux dans leur milieu naturel, les observer courir, bondir ou battre des ailes, les observer vivants. Les observer pour eux-mêmes. L'artiste avait pris le pas sur la femme rationnelle. Pourquoi ne pas laisser les plantes et les bêtes là où la Providence les avait placées ? Douée d'une patience minérale, Lalie restait immobile pendant des heures pour voir se défroisser un pétale de coquelicot ou scruter la danse nuptiale d'un phasme. Elle ne cherchait plus le papillon type, mais s'émerveillait du spécimen, fût-il difforme, qui, plongeant sa trompe dans une touffe d'étamines, frottait ses pattes chargées d'une nue de pollen. Elle aimait la grâce fugitive de le voir s'envoler et disparaître à jamais. Elle jouissait d'accéder à un savoir éphémère qui servait sa seule exigence frivole. Et son attente n'était jamais déçue. Elle disait que les êtres ne valaient pas seulement par les liens qui les unissaient à leur espèce, leur genre, leur famille, leur classe, leur règne, mais qu'ils valaient par eux-mêmes et pour eux-mêmes, sans attache. Elle aimait les considérer dans leur nudité première, débarrassés de toute interprétation, toute classification, toute signification. La servitude était née des catégories. La liberté, de l'absence de catégories. Les monstres lui apparaissaient maintenant chargés d'une beauté imprévue. Elle aimait ces êtres à nul autre pareils. Chacun d'eux était porteur d'un trésor incomparable, un trésor qui n'avait jamais existé auparavant et qui ne se reproduirait jamais à l'identique. D'ailleurs, à y regarder de plus près, chaque individu ne s'écartait-il pas plus ou moins du type ? N'étions-nous pas tous des monstres ? C'est-à-dire des prodiges ?... Des êtres exceptionnels ?...

Elle voulait considérer la chose en soi, comme existant seule au monde. Considérer l'animal sans l'espèce, l'océan sans le rivage, le centre sans la circonférence. Chaque être luisait d'une phosphorescence propre, irradiait sans avoir besoin qu'aucun soleil l'éclairât, ni qu'aucun regard le catégorisât. Elle désirait chérir la beauté de leur seule présence, cette merveille inexplicable d'être là, et que seule une contemplation silencieuse permettait de révéler.

Ayant mis la main dans ma bibliothèque sur un petit in-quarto, publié en 1771 par l'abbé Dinouart, chanoine de l'église collégiale de Saint-Benoît, intitulé *L'Art de se taire*, Lalie était devenue une de ses plus ferventes disciples, affirmant que *ne rien dire* n'était pas *ne rien avoir à dire*, et que mon acharnement à lui apprendre à parler était certes louable, mais qu'il manquait à son éducation une discipline cardinale : l'éloquence de la réserve. En un mot, j'avais failli à mes devoirs en ne lui enseignant pas à demeurer motus et bouche cousue. Aussi décida-t-elle de parfaire elle-même son éducation en s'inscrivant à l'école du silence. Du jour au lendemain, notre gîte, d'ordinaire plus animé qu'un foyer de théâtre, ressemblait à un cloître de carmel. On n'y entendait que la résonance de nos pas sur les dalles, le froissement des étoffes, le bruit métallique des couverts. D'un air pénétré, elle m'adressait de longs silences appuyés, haussait les sourcils à s'en couvrir le front, poussait une moue pour me faire entendre qu'une chose était douteuse, ou encore froissait son visage tout en agitant la main d'un geste de balayette pour m'écarter. Mais le plus souvent elle restait sourde à toutes mes questions, arborant un impassible masque de bonze. Et si, par miracle, je parvenais à lui arracher une maigre réponse, celle-ci était comme susurrée à travers le guichet d'un confessionnal.

Ô ma babillarde, ma pipelette, ma jaseuse, je t'avais séquestrée, mais jamais muselée. Et, maintenant que tu étais libre d'aller et venir, tu te taisais !...

Retirée sous un dôme de silence, ma studieuse élève passait des heures plongée dans des ouvrages consacrés à la vie secrète des pierres, à la rumeur des arbres, au langage des fleurs, dont le prolifique babil demeurait inaudible à la fruste oreille humaine. Il fallait faire silence pour entendre leur insonore murmure. Jetant un coup d'œil par-dessus son épaule, je tentais de m'initier au verbiage taiseux des plantes. On y apprenait que le volubile volubilis était « muet et pourtant bavard », ou que nombre de fleurs, faites de langues et de lèvres, n'étaient silencieuses qu'en apparence. Ainsi l'anthurium, au pétale vernissé et écarlate, était-il surnommé « langue de feu ». De même, une variété de renoncule jactante se nommait *ranunculus lingua.* Il y avait aussi les plantes, comme la sauge, l'origan ou la lavande, qui appartenaient à la famille des labiacées, dont les lèvres marmonnaient d'imperceptibles mélopées. Lalie, tout en se mordillant la lèvre inférieure, le sourcil têtu, conversait en silence avec ces entités végétales. Adepte du bouddhisme du pétale, elle se pénétrait de leur mutique oracle, alors que mon oreille, il est vrai, restait résolument sourde à toutes ces messes basses florales. Au cours des longs et pesants silences qui traversaient alors notre existence, je m'étais demandé, en proie à une autocritique torturante, ce que j'étais pour elle : un instituteur bavard, un sermonneur fatigant, un donneur de leçons, un enseignant jargonneux, un professeur loquace, un répétiteur braillard, un scoliaste verbeux, un instructeur grondeur, un précepteur prolixe, un correcteur disert, un pédagogue phraseur, un formateur pipelet, un examinateur péroreur, un prédicateur exalté, un interrogateur jacasse, un cicérone baratineur ou un magister bruyant ?... Malgré cette énumération — fort incomplète, il est vrai —, je dois bien reconnaître que j'étais tout sauf un maître de silence !

Lalie était impatiente de découvrir la Grande Bibliothèque dont je lui avais souvent parlé comme d'un lieu où régnait un silence particulier, différent des autres, un silence habité. La cité du verbe demeurait pour elle une énigme. Mes mots peinaient à décrire cette muette armée de papier dressée contre l'oubli. Une armée caparaçonnée de cuir, écussonnée et estampillée, alignée et rangée sur des étagères, prête à ressusciter le monde de la pensée rigoureuse comme celui de la rêverie labile. Une armée dont la plus grande partie était déjà réduite à l'état de poussière ou de fossile. Et dont l'autre, encore accessible, attendait que quelqu'un s'en emparât pour la lire. Nous avions marché jusqu'à la combe qui bordait le fleuve asséché. Je lui avais ensuite montré la faille qui, sous une vasque de fontaine en marbre rose, à demi basculée — on distinguait encore un grassouillet triton chevauchant un dauphin —, permettait d'accéder au souterrain qui menait à la Grande

Bibliothèque. Une fois entrée à l'intérieur, Lalie était demeurée bouche bée. Nous avions passé toute la journée dans cette nécropole de livres, arpentant les coursives, parcourant les rayonnages. Ma silencieuse bibliomane caressait le dos des ouvrages, s'honorait de respirer la poussière qui les couvrait, reniflait ces mille-feuilles de mots qui sentaient la peau tannée et la fougère sèche. Elle en saisissait quelques-uns au hasard, les ouvrait, faisait craquer leur reliure comme on fait sonner un instrument pour vérifier qu'il est bien accordé, en lisait quelques lignes, s'émerveillait de voir que tous ces mots, aussi desséchés entre les pages d'un livre que des feuilles mortes entre les pages d'un herbier, n'étaient pas du tout morts, qu'un simple regard doublé d'une voix pouvait les faire revivre. Chaque mot écrit demandait à être vu, parlé, entendu. Chaque mot faisait simultanément appel à l'œil, à la langue et à l'oreille, fût-elle intérieure.

Lalie était repartie les bras chargés de livres. Surtout des pièces de théâtre : *La Toison d'or*, *Les Femmes savantes*, *Le Roi se meurt*, *Mais n'te promène donc pas toute nue*, *L'Illusion comique*, *Le Voyage de Monsieur Perrichon*, *Ubu roi*, *Fin de partie*, et d'autres. Rentrés à La Garenne-Colombes, nous avions lu ensemble *La Tempête*, une pièce d'un dramaturge étranger de qui les vers étaient traduits en langue française. La pièce mettait en scène le duc Prospero et sa fille Miranda, tous deux exilés sur une île déserte et hostile. Le seul trésor de ce duc déchu était la bibliothèque qu'il était parvenu à emporter dans son malheur. Elle lui tenait lieu de royaume. Chaque ouvrage était une parcelle de cet empire imaginaire, avec ses terres, ses fleuves, ses villes, ses palais, et chaque page de chaque ouvrage racontait la vie qu'on y menait, les aventures qui s'y nouaient, les passions qui agitaient les esprits, mais aussi les tristesses qui parfois corrodaient les cœurs. Sa bibliothèque était, avec sa fille Miranda, son bien le plus précieux, un empire plus vaste que tous les empires, ou plutôt qui les regroupait tous et à toutes les époques, et dont jamais personne ne pourrait le détrôner. Un empire hors du temps, qui contenait les clefs de l'univers, la marche des étoiles, le mouvement des marées, la source des tempêtes. Car, grâce au pouvoir que lui conféraient les livres, Prospero maîtrisait les puissances susceptibles de se déchaîner sur le monde, notamment le turbulent Ariel, génie aérien qui incarnait le vent, le souffle, l'esprit. Devenu le précepteur de sa fille, Prospero lui fit faire en peu de temps plus de progrès que n'en font d'ordinaire les princesses qui se dispersent en loisirs inutiles. Oh ! Lalie, entends-tu ? Je lui relus deux fois ce passage de l'acte I : « Ainsi, par moi, ton maître, as-tu pu profiter mieux que bien des princesses, qui, plus à loisir pour des travaux plus vains, ont des maîtres moins sages. » Tu as entendu !... Tu as entendu !... C'est ainsi que Prospero transmit à Miranda tout ce qu'il avait appris des livres afin qu'elle pût à son tour choisir son destin.

22

Lalie aimait fouiller autour de La Garenne-Colombes. Elle creusait et déterrait de nombreux objets, dont certains étaient encore intacts. Elle avait même un vrai talent pour dénicher des perles rares. Du coup, elle améliorait beaucoup la qualité de notre habitat. Nous buvions dans des coupes à champagne, mangions avec des couverts en argent, servions le potage dans une soupière Louis XV rebondie et fleuronnée. Nous découvrions le plaisir de vivre au-dessus de nos moyens. C'est lors de l'une de ses fouilles, dans une excavation située à deux pas de l'entrée du tunnel d'accès à notre mastaba, qu'elle avait mis la main sur une petite plaque en tôle épaissie d'une couche d'émail, percée aux angles de quatre trous, et sur laquelle était écrit, en chiffres blancs sur fond bleu outremer, le nombre « 12 ». Il n'avait pas fallu longtemps pour que Lalie fît le rapprochement avec la cinquième photographie qu'enfermait le coffret métallique. La plaque en tôle émaillée sur laquelle se lisait le numéro « 12 » se voyait nettement sur le cliché, à mi-hauteur du pilastre de droite. Poussant plus en avant ses recherches, Lalie avait découvert que la porte cochère devant laquelle posait le couple correspondait bien au reste de l'immeuble ou du pavillon dont on voyait encore les débris à côté de l'entrée de La Garenne-Colombes. Même assise en pierre de taille, même fragment de façade en brique et, sur le côté, même parement de céramique blanche, là où précisément débouchait notre tunnel d'accès. Le couple avait été photographié ici, à l'endroit même où nous vivions, et c'était eux, à n'en pas douter, que l'on voyait sur les autres clichés, la blonde et le grand ténébreux. Peut-être même que ce lieu avait été construit par leurs soins, ou à leur demande, que nous vivions chez eux, glissés dans leur mue abandonnée. Ce poêle, ces chaises, cette table, cet escabeau étaient peut-être les leurs. Ces assiettes, ces verres que Lalie avait trouvés à proximité, et dans lesquels nous mangions et buvions, étaient peut-être ceux dans lesquels ils avaient mangé et bu... il y a quelque cinq cents ou mille ans de cela. Excitée par cette découverte, Lalie avait recherché sur les autres photographies s'il n'y avait pas d'autres indices. Et, comme la curiosité s'affame à mesure qu'on l'alimente, elle passait des heures à fouiller autour de La Garenne-Colombes. Saisie par le démon de l'archéologie, elle quadrillait le terrain pied par pied, pouce par pouce, sondant le sol, grattant la terre, la passant au tamis pour mettre au jour des fragments de vies disparues. Et elle en trouvait : peigne en écaille, trousseau de clefs, ouvre-boîtes papillon, boucle de ceinture, paire de lunettes. Elle avait aussi déniché dans un renfoncement attenant à notre garenne, entassés en vrac, une centaine de pots de fleurs en terre cuite, remplis de mortier, quelques-uns couverts de feuilles d'or, les mêmes que ceux figurant sur une des photographies du coffret, la huitième, mais d'un diamètre apparemment plus petit. Certes il manquait encore des pièces au puzzle, mais le tableau dans son ensemble se laissait deviner. Le mastaba avait été l'habitation de ce couple qui, chose étrange, avait vécu dans un sous-sol. Et tout laissait croire que le grand ténébreux qui portait la momie péruvienne d'enfant était aussi l'auteur de ces alignements de pots de fleurs, tout comme il devait être l'auteur de cette mise en scène montrant des bacs en inox remplis de gravats, visible sur la sixième photographie. Lalie avait sorti les pots de leur remise. Elle les avait brossés et les avait soigneusement alignés sur le sol du mastaba, répétant un geste qu'un autre avait accompli des siècles auparavant, heureuse d'en perpétuer l'histoire.

Parfois Lalie partait plusieurs jours. Elle partait sans annoncer quand elle reviendrait. Et quand elle revenait, elle ne se justifiait pas et ne racontait rien de ses périples. Tout au plus lâchait-elle quelques mots. Un jour, elle avait évoqué une certaine troupe itinérante. Un autre, des coiffes élaborées avec des écorces de robinier. Un autre encore, il avait été question d'une butte sur laquelle vivait un certain Éole. Une fois elle m'avait demandé de lui montrer comment on pouvait fabriquer de fausses dents. Curieusement, depuis quelques mois, son parler avait changé, elle avait pris une gouaille de petite Parigote, avec cet accent pointu, mais un peu traînard sur la fin des mots, avec des « o » et des « a » prononcés comme des « eu ». Elle disait *jeuneume* et *jeunefeume*. Le tout ponctué d'expressions argotiques, à quoi s'ajoutaient des poses déhanchées un peu canailles. Ses absences étaient de plus en plus fréquentes, de plus en plus longues. Je ne lui posais aucune question. Elle savait que si elle avait besoin de moi, j'étais là, qu'elle était toujours la bienvenue à La Garenne-Colombes. D'ailleurs, si elle revenait de temps en temps, c'était d'abord, disait-elle, parce que le terrier lui manquait. Elle aimait retrouver le col de cygne de la bouilloire crachant son jet de vapeur, le sabbat des éphémères autour de la lampe à huile, la margelle où s'asseoir à côté du poêle sur lequel elle faisait rôtir des châtaignes, les moutons de poussière derrière son lit. Et puis, bien sûr, Loulou ! Loulou qui chaque fois qu'elle revenait lui faisait une fête, une danse de plumes doublée d'un numéro de trapèze volant. Enfin, elle aimait retrouver la collection de notre musée — la feuille de liquidambar, l'œuf de grue, le baigneur en plastique auquel manquait la tête, le ressort de sommier, ou encore la boule à neige —, moins maintenant pour la collection elle-même que pour les souvenirs que sa vue ressuscitait. Elle passait son doigt avec désinvolture sur les objets, en soufflait la pellicule de poussière. Elle était même devenue facétieuse. Ayant par erreur interverti deux étiquettes, et découvrant sa méprise, au lieu de les remettre à leur place, elle s'était amusée à en inverser d'autres. Un magnifique spécimen de papillon nocturne se voyait étiqueté *Carburateur à injection*. Une clef à molette de la marque

Facom, *Salsifis des prés*. Une machine à coudre, *Baleine de parapluie*. Elle se délectait des étincelles créées par ces rencontres fortuites. Et, sur le bois de son lit, elle avait transformé le mot *lit*, que nous avions naguère écrit, par l'inscription : *Ceci n'est pas un lit mais un pronom démonstratif*. Elle s'enchantait de voir que les mots pouvaient éclairer d'une lueur imprévue tout ce qu'ils touchaient, mais aussi redevenir opaques jusqu'à n'être plus qu'eux-mêmes.

Chaque fois que Lalie s'absentait, elle puisait dans ma bibliothèque. Je la voyais emporter des romans, de la poésie, des pièces de théâtre. Et quand elle revenait, elle ne les rapportait pas, elle en prenait d'autres. Autant, à nos débuts, j'avais été soucieux de conserver ma bibliothèque intacte, autant maintenant je la voyais prendre des ouvrages avec plaisir. Je me réjouissais de constater qu'elle aimait les livres que j'avais moi-même aimés. Les livres ne nous permettent pas seulement d'entendre les voix de ceux qui ont vécu avant nous et de régner, comme Prospero, sur des empires imaginaires, ils nous font aussi pénétrer dans une communauté de lecteurs avec laquelle nous pouvons partager des souvenirs qui, sans appartenir à aucun, appartiennent à tous.

Un soir, alors que Lalie était partie depuis plusieurs jours et que je dormais, je fus réveillé par des sons lointains de percussion. Je n'avais jamais entendu de tels sons, sourds et répétitifs, sinon dans les marécages où les humaines frappent sur des bois creux pour accompagner leur chant. Des sons martelés, cadencés, qui insensiblement entraînaient les battements de mon cœur dans leur rythme impétueux. Bientôt, à ces sons lourds et graves s'en ajoutaient d'autres, plus légers, plus métalliques, comme ceux d'une gamelle sur laquelle on aurait frappé. À mesure que les sons s'amplifiaient, j'entendais clairement des cris humains, des trilles suivis d'exclamations. Le tumulte s'approchait. Intrigué par ces bruits, j'enfilai ma pelisse et sortis. Le ciel était strié de lambeaux violets. Un filet de bave mauve bordait l'horizon. Au loin, venant du fleuve, semblable à une pléiade de lucioles, un cortège muni de flambeaux s'avançait, se dirigeant droit vers notre antre. Les silhouettes, une douzaine, une quinzaine tout au plus, se déhanchaient au rythme des percussions. Quelques chiens enroués aboyaient. Les coups s'accéléraient, devenaient de plus en plus assourdissants. Je restai tapi dans les buissons et, par précaution, ramenai les branches d'un massif de fusains devant mon visage. Au milieu du tapage qui allait crescendo, se distinguait une voix stridente qui, pour une oreille insuffisamment exercée aux subtilités musicales de notre monde, aurait pu passer pour un grincement de porte ou encore pour une crécelle annonçant l'arrivée d'une troupe de lépreux. Sous la lueur dansante des flambeaux, les têtes commençaient à se dessiner : têtes énormes, avec des groins, des mufles, des naseaux, avec des dents démesurées, des têtes d'animaux fantastiques dont les mimiques grimaçantes semblaient des caricatures d'expressions humaines. À la lueur des torches, leurs yeux brillaient, cerclés d'ombre. Les expressions étaient grotesques, figées.

C'était des masques, quelques-uns posés de biais sur la figure. L'un d'eux, avec une tête d'oiseau, s'avança vers moi comme s'il savait exactement où je me terrais. Je voulus reculer, m'effacer derrière le talus. Une voix gracile et chantante s'en échappa, c'était celle de Lalie. Je me dressai au milieu des sifflements et d'un concert de *youyouyouyouyouyou*... Les masques tombèrent. Lalie me présenta à chacun d'eux. Éole fut le premier à s'avancer. De larges tatouages habillaient les peaux, quelques-unes étaient transpercées par des anneaux ou ornées de scarifications. Elle avait fondé une troupe ambulante de théâtre. Ces va-nu-pieds rebelles s'adonnaient au plaisir de la comédie au milieu d'un monde en ruine, comme une âme farceuse égarée dans le drame. Certains savaient à peine quelques mots, beaucoup jouaient leur propre rôle. Mais elle leur apprenait à parler, et composait avec eux des saynètes qu'ils jouaient.

La petite troupe me fit les honneurs de sa dernière création. Une farce drolatique où un ogre pourvu d'horrifiques mâchoires, cloutées de dents, avait mangé tous les mots pour punir de leur grossièreté les goujats, maroufles, galapiats, rustauds, gougnafiers, malotrus, arsouilles, blancs-becs, mufles, grivois, vicelards, peigne-culs, marauds, paltoquets, salopiots, culottés, malappris, butors, ruffians et autres Parisiens mal embouchés. Mais, après de longues et sonores flatulences, l'ogre avait au cours d'une postillonnante logorrhée recraché tous les mots. Il les avait recrachés pour les offrir aux animaux qui, trop heureux de disposer enfin de vocables pour parler, racontèrent tout ce qu'ils avaient vécu depuis que Dieu les avait mis au monde au cinquième jour de la Création. Ils racontèrent tout ce qu'ils avaient vu et entendu dans les forêts, les guérets, les terriers, mais aussi tout ce qu'ils avaient enduré sous le joug des éleveurs, le harnais des cavaliers, le fouet des dompteurs, le collet des braconniers, le couteau des bouchers, ou, pour les plus chanceux, tout ce qu'ils avaient flairé dans les boudoirs capitonnés et parfumés de leur maîtresse. La soirée s'était finie fort tard, au milieu des rires édentés, des trognes réjouies, où les mots, dont aucun n'était moins haut que l'autre, fusaient de partout, entrecoupés de longues rafales de rire, le tout copieusement arrosé de sirop d'orgeat et de liqueur de nèfle.

Un jour, alors que Lalie était absente depuis plusieurs semaines, et que j'étais moi-même parti toute la nuit en terre femelle me vautrer sur les rives incertaines des marécages, me replonger dans leur boue matricielle, je trouvai au petit matin La Garenne-Colombes mise à sac. La porte en avait été forcée. Tout avait été vandalisé, pillé, les étagères renversées, les livres déchirés, nos collections rageusement saccagées. Une odeur de fauve et d'excrément offensait les narines. Les provisions de bouche que j'avais collectées en prévision des jours de pénurie — morilles séchées, lentilles d'eau, œufs de pigeon, viande fumée de hérisson — avaient disparu. Les bacs dans lesquels j'avais planté des mange-tout étaient renversés. Les semis de pois à gousses velues, piétinés. Je restais silencieux, hébété. Le ventre noué. Je fis le tour de notre garenne. La petite cloche en opaline verte, que j'avais récupérée dans la Grande Bibliothèque et qui me servait de lavabo, n'était plus qu'un archipel de verre disséminé par terre. Un de ces vauriens, bon pour la corde, avait pissé et chié sur ma couche. Il y avait ici et là des traces de sang frais. Je ramassai sur le sol un brin de paille que Lalie avait mâchouillé à l'une des extrémités, et le glissai dans ma poche. Parmi d'autres débris, au milieu d'une petite flaque d'eau pailletée de flocons blancs, gisaient les restes de la boule de verre *Souvenir de Paris*. Je n'éprouvais rien, juste de la sidération... Je ne reconnaissais plus notre nid familier, transformé en infâme cloaque. Un gros livre à couverture rouge, orné d'un phylactère fleuri, l'Almanach Vermot, qui tenait encore en équilibre sur une étagère, tomba par terre, achevant de rompre le dernier lien qui m'attachait à notre terrier. J'avais besoin d'air. Je sortis, les yeux voilés de larmes. Derrière l'épaisse couverture nuageuse, le soleil avait la mine contrite d'un enfant qui boude dans son coin. Un chien galeux frottait ses côtes contre un tronc d'acacia. Une tristesse immense me submergea. C'en était fini de nos collections, de notre bibliothèque, même si je me consolais en songeant que Lalie avait déjà emporté avec elle un bon nombre de livres, et qu'elle connaissait désormais le souterrain qui menait à la Grande Bibliothèque. Je fis quelques pas et vis Loulou perchée sur le pylône qui marquait l'entrée du mastaba. Elle en avait profité, elle aussi, pour prendre l'air. La tête plongée sous une aile, elle peignait ses rémiges à coups de bec. Redressant son cou, elle me toisa et ouvrit toute grande sa voilure, avant de s'envoler pesamment et de rejoindre non loin de là une branche basse de sorbier. L'air avait une saveur amère. Chaque inspiration laissait un goût de rouille dans la gorge.

Grisé de dépit, j'attendis toute la journée, assis sur une pierre, sans savoir au juste ce que j'attendais. Je m'abîmais dans la sotte contemplation d'un brin d'herbe écrasé, au sujet duquel un auteur plus inspiré que moi aurait discouru sur l'ampleur de la tragédie moderne. Je n'avais pas la force de tout nettoyer, tout vider. Je savais surtout que je n'aurais pas le courage de retisser la toile de notre univers. Une page était tournée. Dans ma déconvenue, j'éprouvais aussi une curieuse sensation de légèreté, je me sentais libéré d'un poids, délivré de mes attaches. Qu'allais-je faire ? Je ne voulais pas dormir au milieu de tous ces débris. J'errais autour de notre garenne, désemparé. Tout était gris. J'entendis une voix me héler. Je tournai sur moi-même sans voir personne. L'appel se renouvela plusieurs fois. L'appel provenait des cimes. Je levai la tête. Accroché à une branche, Pendeloque me fit signe. Je le regardai, il faisait de grands gestes. Je compris qu'il avait assisté du haut de son arbre à l'effraction de notre garenne, et qu'il avait vu la horde ressortir les pinces chargées de victuailles. Il m'invita à le rejoindre. Je déclinai son invitation, mais le soir même, après avoir laissé un mot sur la porte au cas où Lalie reviendrait, je me trouvai à califourchon sur une branche, les pieds ballant dans le vide, partageant avec lui quelques glands et une poignée de fèves. Là-haut, au sommet d'un grand chêne à demi foudroyé, l'air était vif, les sons déliés. Au-dessus des miasmes et des pelotes de brouillard, la lumière n'était pas si terreuse. Il régnait même une solide clarté. Pendeloque, qui n'avait de remarquable que la petitesse de son crâne, le pointu de son nez et la douceur veloutée de ses yeux noirs, ne possédait pas cent mots de vocabulaire, dont beaucoup étaient incompréhensibles. Il prononçait les « a » et les « an » comme des « o ». Il disait : « Viens lo do l'orbre, occroche-touo lo. » Son parler était bref, haché, mais ses manières étaient hospitalières et prévenantes. Tout en marmonnant, il me fit les honneurs de sa demeure arboricole. Malgré son grand corps dégingandé, il semblait ignorer la pesanteur. Pendeloque, c'était l'agilité sautant de branche en branche. Nous parcourions ce qui restait de cette canopée aux trois quarts chauve, parfois en nous aidant de cordes qu'il avait installées et qui permettaient de passer d'un tronc à l'autre. Notre baron perché avait tissé sa toile dans les arbres. Des sacs et des garde-manger étaient accrochés ici et là. Des vêtements flottaient au vent.

À la tombée de la nuit, nous nous juchâmes sur la branche haute d'un grand hêtre dont le tronc était corseté d'une résille de lierre. Tout autour, la ville poudreuse s'étalait : des carcasses d'immeuble hérissées de fers et des pans de murs brisés dressaient leurs crocs dans le ciel. Le reste n'était que pylônes tordus, citernes éventrées, cheminées étêtées, arbres griffus. Et, partout, en suspension dans l'air, un carrousel de papiers volants, de sacs en plastique, de copeaux de polystyrène tournoyait au milieu des nuées. Nous étions dans une boule à neige. Quelques cris lointains se faisaient entendre. L'horizon baignait dans une lueur d'incendie. À un moment, une ombre voila le ciel. Des dizaines de pigeons et de colombes se posèrent sur les branches alentour. Ventilé par le battement de leurs ailes, tout notre arbre frissonnait, s'animait. Nous étions entourés d'oiseaux qui roucoulaient, jabotaient, caracoulaient. Des tourterelles grises, des colombes, des ramiers cendrés, des bisets aux teintes d'ardoise. Certains, dressés sur leurs pattes, ouvraient et refermaient tour à tour leurs ailes sans quitter la branche sur laquelle ils se balançaient. D'autres allongeaient leur cou, faisaient claquer leurs rémiges, ou se posaient sur nos épaules. Pendeloque poussait de petits cris, *rau-rau-rau... courou-courou... couroucoûh-couroûh...* et puis, en sourdine, d'une voix plus gutturale, *hrou-hrou-oû... rrrourrr... groûhou-couroûh... coucout courroûh-rôôh-rôôh...* Les oiseaux lui répondaient : trois notes longues, suivies de deux brèves. Autant sa voix parlée était monotone, autant sa voix d'oiseleur était flûtée et modulée. Parfois elle descendait dans la gorge, avec une tonalité plus rauque, mais toujours chantante. Après avoir dégoisé quelques instants avec ces princes ailés, il sortit de sa besace des boulettes de graisse qu'il roula dans un sac rempli de graines de millet et de tournesol noir. Les ayant pétries, il les perça avec une baguette et les traversa d'un fil de chanvre, puis les suspendit aux branches avoisinantes. À peine les avait-il installées que, dans un grand froufroutement d'ailes, des dizaines de becs se jetèrent sur la pâture. Tous les jours, à la même heure, notre colombophile les nourrissait. Les oiseaux, avec une ponctualité digne de la mécanique céleste, arrivaient quelques minutes en avance et attendaient que débutent leurs aériennes agapes. Nous étions suspendus au milieu d'un nuage d'ailes battantes. Les boulettes s'amenuisaient à vue d'œil. Une fois la manne consommée, l'essaim d'ailes se dispersa dans un grand frémissement d'air, laissant virevolter quelques plumes autour de nous. Le fouet des battements diminua par degrés avant de s'abîmer dans la nuit.

Pendeloque tira de sa poche toutes sortes d'appeaux qu'il avait fabriqués. Des bambous creux, des lames vibrantes, des sifflets imitant le chant des bruants ou des hulottes. Il les fit résonner, mais aucun oiseau ce soir-là ne répondit. Je songeais à ma petite comédienne. Où était-elle à présent ? Elle et sa troupe ? Pendeloque me montra comment dormir accroché aux branches, en me laissant balancer dans un hamac de sa confection, fait de toiles rapiécées et de grosses bâches. Je m'installai dans ma nouvelle vie arboricole de ouistiti, me berçant sous un ciel de plomb que traversaient des zébrures aux lueurs d'ecchymoses. Pendeloque à mes côtés jouait d'une petite guimbarde métallique en forme de §, la faisant vibrer entre ses lèvres. Quelques cris d'animaux criblaient la nuit de sons aigus. Par moments, au loin, ressuscitées par mon attention, des voix humaines me parvenaient. J'essayais de me persuader que c'était des déclamations de théâtre. J'avais oublié de demander à Lalie si sa troupe portait un nom, tout en me disant que « La Tempête » aurait bien convenu, mais ce n'était pas là, je le reconnais, faire preuve de beaucoup d'imagination. Une clameur monta d'un coup, peut-être le passage où l'ogre vomissait sa ventrée de mots pour nourrir les bêtes avides de parler. Tout autour les feuilles bruissaient. Je m'endormis en rêvant que j'étais un arbre, que je faisais corps avec la nuit, que le vent s'accrochait à mes branches.

23

Le lendemain, je descendis de mon arborescente demeure, afin de récupérer deux ou trois bricoles dans notre terrier. Je parvins à sauver une trentaine d'ouvrages, dont le tout premier livre de Lalie, *Les Comptines du père Castor*, ainsi que notre *Cadastre du Chaos* qui, soigneusement replié entre deux cartons, avait échappé à la furie des ignorants. Je les emballai dans une bâche et les rangeai soigneusement dans une cachette que Lalie connaissait et où je savais qu'elle les retrouverait. Désormais je vivais dans les arbres, et n'en descendais que pour glaner un peu de nourriture.

Quelques semaines plus tard, je repris mon travail de géomètre, mais je n'étais plus seul. J'étais parvenu à convaincre Pendeloque de m'assister. Compagnon silencieux, farouche, il accomplissait sa tâche avec précision et diligence. Sa présence facilitait beaucoup la mise en œuvre de la chaîne d'arpentage. Nous cheminions l'un derrière l'autre, à vingt pas de distance, chacun tenant une extrémité. Il fixait la chaîne au dernier jalon posé, je la tendais, et plantais le jalon suivant sur lequel j'inscrivais un numéro. Le soir venu, nous mangions et dormions dans les arbres, enroulés dans le cocon de nos hamacs comme deux vers à soie. Un jour, alors que nous étions à trois jours de marche de La Garenne-Colombes, nous vîmes sur cette terre fertile en surprises atroces quelques restes humains, un tas de viscères gluants, caillés de sang, que se disputaient deux chiens qui n'avaient plus que la peau sur le châssis. Une puanteur âcre, écœurante, fécale s'en dégageait. À quelques pas, encore fumant, un fagot d'os achevait de se consumer. Un peu plus loin, contre un ancien rail de chemin de fer, il y avait un cadavre, c'était celui de Plikropil. Je le reconnus à sa trogne dont l'œil manquait, mais dans l'orbite duquel s'activait un essaim de mouches, ivre du banquet qui lui était offert. Sa vareuse distendue sur un ventre enflé était maculée d'écarlate. Je lui fis les poches, elles étaient vides à l'exception d'un scalpel étincelant dont la pointe était piquée dans un bouchon de liège. Je m'emparai de son ceinturon en cuir, aussi large que la paume de la main, avec une boucle à double ardillon, et de ses brodequins cloutés que je donnai à Pendeloque. Rares, je crois, ont été les cadavres dont la vue me procura un plaisir aussi suave. J'abandonnai la dépouille de ce scélérat tout en me demandant quelle haine recuite dans un chaudron de méchante fée lui avait donné cet appétit cruel pour la matrice charnelle d'où il était lui-même sorti. Je m'éloignai tout en me répétant à la manière d'une ritournelle, comme pour effacer son image de ma tête : *Morte la bête, morte la voracité !*

Le surlendemain, sous une pluie fine, nous longeâmes un immense cratère. La terre était éventrée, laissant à vif une large saignée d'argile ocre rouge. Au fond, à demi enlisé, un squelette de bovin, éclatant de blancheur, servait de juchoir à une corneille dont une aile démise pendait. Tout autour, des lambeaux de façades se dressaient, percés de fenêtres ouvrant des deux côtés sur le ciel. Des murs, autrefois intérieurs, laissaient encore deviner les traces des lambris qui les avaient couverts. Des corps de cheminées, accrochés en nid d'hirondelle, étaient suspendus au-dessus du vide. Quelques arbustes rampants, aux branches noueuses, se cramponnaient au sol. Nous étions à quelque 1 240 longueurs de chaîne de La Garenne-Colombes, nous progressions péniblement à l'intérieur d'un dédale étroit de masures noircies, en suivant le trottoir défoncé d'une ancienne rue en pente, jonchée de pavés de grès, lorsqu'un tremblement de terre nous surprit... Des édifices à moitié écroulés branlaient au-dessus de nos têtes. Je me jetai dans la première ouverture qui se présentait pour me mettre à couvert, trouvant refuge dans le sous-sol d'une grosse bâtisse. Pendeloque, qui était vingt pas derrière, ne m'avait pas suivi. Je l'appelai, je l'appelai, mais je savais que mon sylvestre compagnon ne supportait pas l'idée d'être sous terre. Il ne fuyait qu'en grimpant dans les arbres qui, ici, manquaient. Je m'apprêtai à ressortir pour l'entraîner... Nouvelle secousse, plus forte celle-là. Encore une réplique... Dans un fracas qui me rendit sourd pendant un long moment, un pan de mur s'effondra sur mon refuge. Abasourdi, je me crus mort, j'étais indemne... J'appelai Pendeloque, il ne répondit pas... Nouvelle secousse, plus faible. Des pierres craquèrent... La chaîne d'arpenteur, que je n'avais pas lâchée, était prise sous les décombres, seule l'extrémité que je tenais émergeait de la muraille. J'étais reclus dans une cave de quelques pieds carrés. Je tentai de tirer la chaîne, de la secouer avec l'espoir que Pendeloque répondrait. Je l'appelai encore et encore. Un instant la chaîne grinça... rien que la chute de quelques blocs retardataires. Je fis le tour de mon réduit en tâtonnant avec les mains. Impossible de m'extraire de ce trou. Il y avait bien des fissures entre les blocs de pierre par lesquelles je sentais glisser un courant d'air. Trois ou quatre brèches laissaient même passer de poussiéreuses lames de lumière. Entre deux grondements lointains de tonnerre, je perçus des bruits à l'extérieur, des craquements, des cris d'animaux. Plus tard, dans la soirée, des hurlements d'humains sur le point de s'entretuer se firent entendre. Fallait-il que je m'époumonasse (ne boudons pas notre plaisir, c'est le dernier!) pour attirer l'attention d'une meute de cannibales qui, au mieux, seraient ravis de pouvoir à faibles frais cueillir leur festin pris dans un piège? Je me doutais que ma présence les aurait aussitôt réconciliés, mais cela n'eût peut-être pas suffi à me consoler de finir en bouillie dans leur panse. Je me tus. J'étais seul. Je ne tenais plus au monde que par ce morceau de chaîne superflue — quarante-sept anneaux exactement —, au bout de laquelle, à quelques pieds de là, sous des éboulis, se trouvait le corps inanimé de Pendeloque.

Je songeais à Lalie. Où était-elle? Avait-elle survécu à ce tremblement de terre? Avec son instinct animal très sûr, elle avait dû sentir venir la secousse. Elle était plus perméable aux forces telluriques que je ne l'étais, et avait dû s'abriter moins sottement que je ne l'avais fait. Je ne doutais pas un instant qu'elle fût vivante. D'ailleurs, c'est une croyance qui ne m'a jamais quitté : le pire n'est jamais certain. Des grains de sable bougent, glissent, minent en secret l'édifice durant des années. Et puis un beau jour tout s'effondre... ou pas ! Parfois, ça se tasse. C'est tout. Si le désastre ambiant oblige à avancer sans certitude quant au lendemain, c'est que l'avenir n'est pas écrit, pas complètement, que rien n'est joué. Où croît le péril, croît aussi ce qui sauve. Et puis je savais qu'elle n'était plus seule.

Je fis de nouveau le tour de ma souricière, ce ne fut pas long. Seize pieds sur huit et demi de large. Haute de huit mains. Je tenais à peine debout. L'escalier par lequel j'étais entré était obstrué par d'énormes blocs de béton fracturés, armés de ferrailles. Les trois brèches ouvertes dans la voûte n'étaient pas assez larges pour que ma tête passât. À mi-hauteur de l'un des murs, un trou noir, large d'au moins trois mains, s'ouvrait. Je m'approchai et lançai quelques cris pour en évaluer la profondeur. La cavité semblait assez vaste. Je tentai d'y voir clair avec mon briquet, soufflant sur l'amadou pour attiser la flamme, mais sa lumière aiguë éblouissait sans rien éclairer. J'arrachai la doublure de ma pelisse et j'en sortis la lettre que Domino m'avait écrite. Je la dépliai, la roulai en torche et, avec ce qui me restait d'amadou, l'enflammai. J'avançai le bras dans l'ouverture, l'obscurité recula. Une carcasse de chaudière trônait au milieu d'un local fermé. Tout était carbonisé à l'intérieur. Des boulets de charbon traînaient par terre. Un seau crevé. Une pelle. Un hérisson de ramonage. La flamme atteignit mes doigts. Je lâchai le reste de la torche qui tournoya un instant dans l'air confiné. Une ultime lueur éclaira une inscription écrite à la craie sur le mur, que je n'eus pas le temps de lire. La flamme s'éteignit au contact du sol. Le reste de la torche n'était plus qu'une rose en fusion consumant ses pétales. L'obscurité revint. J'étais dans une fosse. Lalie n'avait presque aucune chance de me retrouver, ici, perdu parmi les vestiges de cette cité croulante. J'étais loin de La Garenne-Colombes, et assez distant de l'axe du méridien. Que pouvais-je attendre?... Rien... J'avais sans doute fait mon temps...

Un craquement ébranla de nouveau les murs. Puis, il n'y eut plus que le silence... Je restai là, accroupi pendant des heures dans l'obscurité. Je sentais mes forces m'abandonner, j'étais comme accablé par une fatigue qui aurait d'un coup cumulé le poids des ans. Je sentais s'éteindre en moi jusqu'à mes souvenirs. J'essayais de me rappeler la dernière conversation que nous avions eue, Lalie et moi, mais je ne parvenais plus à retrouver les mots, ni même à entendre le son de sa voix. L'obscurité gagnait les diverticules les plus reculés de ma conscience. La seule chose qui me revenait en mémoire était la suite de chiffres correspondant aux dernières mesures que Pendeloque et moi-même avions effectuées avec la chaîne : 1 237... 1 238... 1 239... et la correction de 7,5 % qu'il fallait apporter pour tenir compte de la pente. Tout le reste semblait déjà enseveli. L'air était chargé d'une épaisse poussière de ciment. Chaque inspiration était aussi douloureuse que si ma gorge avait été rabotée à vif. Un peu d'eau suintait du côté de la porte. Je m'accroupis pour en recueillir dans le creux de la main. L'anfractuosité n'était pas facilement accessible. Je cherchai dans ma poche le brin de paille que Lalie avait mâchouillé et que j'avais récupéré après le saccage du mastaba, lorsque, soudain, là, tout près, sur ma gauche, quelque chose m'arrêta : deux yeux brillants me fixaient dans l'obscurité. Deux yeux immobiles et rouges. Dans l'ombre, acculé, se terrait un rat. Lentement, sans le quitter du regard, je fouillai le sol avec ma main pour trouver une pierre. L'animal esquissa un mouvement. La pierre siffla, s'ensuivit un bruit sec de biscuit écrasé. Le crâne avait craqué. C'était un beau gros rat. Il mouchait du sang. Je le suspendis par la queue à un fer à béton pour qu'il s'égoutte. Et tandis que je regardais la bestiole se balancer dans la pénombre, la voix de Lalie me revenait : *je l'attrape par la queue, je la montre à ces messieurs*... et maintenant c'était toutes ses comptines qui me revenaient, ses poèmes, ses rires.

Je songeai à Domino, enterré dans sa casemate. Si l'amitié envers un disparu avait un sens, n'était-ce pas d'agir en toute chose comme s'il demeurait vivant à nos côtés, de continuer à lui demander conseil, d'écouter sa parole, de bénéficier de sa présence ? Domino avait été mon maître non parce qu'il m'avait soumis, mais parce que, sans m'imposer aucune servitude ni obéissance, il avait été un modèle qui m'avait fortifié dans mes choix. Un modèle que j'admirais et qui, même quand il n'était pas à mes côtés, m'obligeait librement. Un modèle qui m'avait rendu plus exigeant, et qui m'avait fait sentir ce qu'était un don, car il m'avait donné sans rien attendre en retour, sachant que je ne pourrais jamais lui rendre, et j'avais accepté ce don. Ma dette envers lui était la langue qu'il m'avait apprise, et que j'avais à mon tour transmise. J'avais eu la chance d'avoir un maître. Il me pardonnera d'avoir brûlé sa lettre, car il sait que j'en connais chaque mot par cœur et, quand ces mots me reviennent à l'esprit, c'est avec le timbre de sa belle voix un peu voilée, ce timbre qui lui venait du ventre, que je les entends. Je le revois aussi droit et fier qu'un hêtre. En toute occasion, il gardait sa noblesse sans jamais la faire peser sur son interlocuteur. Et, tandis que je me remémorais ma première visite chez lui, je commençai — misérable au fond de mon trou — à frotter ma pelisse, à peigner mes cheveux avec les doigts. Je me ressaisissais comme si je venais d'arriver devant sa casemate, et qu'il m'attendait derrière la porte.

Quelques vers qu'il aimait réciter me revenaient à l'esprit : « Là, souvent je m'assieds, aux jours passés fidèle / Sur un débris qui fut un mur de citadelle / Foulant créneaux, ogive, écussons, astragales... » Des mots me manquaient. Je n'arrivais plus à retrouver les coupes. Je mélangeais les strophes. J'aurais donné le rat que je venais d'attraper, et qui allait faire mon repas du jour, pour retrouver ce poème en entier. Et puis, en repensant à ce « débris qui fut un mur de citadelle », je songeai à un rêve étrange qu'un poète de l'ancien monde, poète devenu aphasique sur le tard, au beau nom aérien de Baudelaire, avait noté. Je revoyais encore les mots disposés sur la page de gauche de ce petit opuscule couvert de percaline bleue, muni d'un signet rubané jaune d'or :

> Symptômes de ruine. Bâtiments immenses. Plusieurs, l'un sur l'autre, des appartements, des chambres, des temples, des galeries, des escaliers, des cæcums, des belvédères, des lanternes, des fontaines, des statues. Fissures, lézardes... Tout en haut, une colonne craque et ses deux extrémités se déplacent... Je ne peux plus retrouver l'issue... J'habite pour toujours un bâtiment qui va crouler, un bâtiment travaillé par une maladie secrète. Je calcule, en moi-même, pour m'amuser, si une si prodigieuse masse de pierres, de marbres, de statues, de murs, qui vont se choquer réciproquement seront très souillés par cette multitude de cervelles, de chairs humaines et d'ossements concassés. — Comment avertir les gens, les nations ? — Avertissons à l'oreille les plus intelligents.

Avertissons à l'oreille les plus intelligents ! Il n'y avait ici aucune oreille pour m'entendre, personne qui fût à même de m'écouter, mais je pouvais peut-être écrire. Oui, écrire, mais écrire quoi, et pour qui ? Écrit-on pour quelqu'un ?... Écrit-on pour être lu ?... Je n'avais pas de réponse à cette question, mais je songeais à tous ces hiéroglyphes gravés sur les parois intérieures des tombeaux, murés pour l'éternité dans le silence et l'obscurité, à toutes ces fresques, à tous ces textes qui n'étaient pas destinés à croiser le regard des mortels, mais seulement celui des dieux, et que des générations d'artistes et de scribes anonymes s'étaient acharnées à peindre et à graver dans le roc, couvrant les murs les plus reculés des hypogées. Écrire, non pour être lu, mais pour donner une forme à sa pensée. Une forme aussi dure que le granit. Une forme capable d'opposer au mouvement fuyant du temps la fixité des mots. Donner, donner comme l'avait fait mon maître Domino. Donner sans rien attendre en retour. Du reste, qui pourrait bien me lire ici ? À quelques rares exceptions près, plus personne aujourd'hui ne parle cette langue française, morte depuis longtemps, la seule que je connaisse. Oui, j'allais graver l'histoire de Lalie dans la paroi. Magie de la langue qui, même morte, vit dans un éternel présent. Je ne voyais presque rien, mais je pourrais suivre les mots avec mes doigts. C'était même un avantage de ne rien voir. Dans l'obscurité les mots résonnent avec plus d'éclat. Je saisis dans ma poche le scalpel que j'avais arraché au cadavre de Plikropil (comme quoi, même les scélérats sont parfois utiles), et j'en affûtai la pointe sur le tranchant d'un silex. J'inspectai les murs de ma cellule, j'en caressai la surface avec la paume. L'enduit était assez lisse et couvrait toutes les faces, à l'exception de quelques manques où la pierre à nu, rugueuse, apparaissait. Par où commencer ?... La voix claire de ma colombe revenait. Ma bavarde, ma cancanière, ma babillarde !... Les mots, ses mots affluaient, vifs, légers, ardents. Je léchai la paroi pour la lustrer et me faire la langue. La paroi était salée et fraîche.

« Oui, lèche, lèche ! Soumets ta langue à la paroi qui se dresse devant toi. »

Je serrai le scalpel entre mon pouce et l'index. C'était une chance d'avoir un scalpel, non ? Pourtant je sais bien que même si je n'avais pas eu de scalpel, j'aurais quand même écrit l'histoire de *celle qui parle bien*. Je l'aurais écrite avec mes ongles s'il avait fallu. Et, si je n'avais plus eu d'ongles pour la graver dans la paroi, je l'aurais gravée dans ma tête après en avoir assemblé les mots dans la forme la plus fidèle qui soit.

« Oui, lèche, lèche encore ! »

Le premier distique de la page 88 est emprunté à *L'Alphabet des Aveux* (1954) de Louise de Vilmorin, le second est attribué à Victor Hugo. Les textes cités pages 92-93 sont tirés des *Particules élémentaires* (1998) de Michel Houellebecq et de *Femmes* (1983) de Philippe Sollers. Le poème cité page 138 est un extrait de *Rencontre dans la forêt* (1935) d'Henri Michaux. Les trois vers cités page 240 sont tirés d'une ode de Victor Hugo, *Aux ruines de Montfort-L'Amaury* (1825). Les bribes de texte à valeur onirique de Charles Baudelaire, citées page 241 (dont deux phrases ont ici été inversées), figurent dans le « Reliquat » du *Spleen de Paris* (vers 1860).

REMERCIEMENTS

L'auteur exprime sa plus vive gratitude envers Suzanne Martin-Vigier, Jacques Binsztok, Rodolphe Ragu, Jean-Marie Laclavetine, ainsi qu'envers Clément Ribes-Boudjemil, son éditeur, pour leur soutien, leur bienveillante relecture et leurs suggestions.

Œuvres de Philippe Comar (suite)

Aux Éditions Herscher

VOIR ET REGARDER L'ART, avec Nicolas Guilbert, 2021

Aux Éditions Fata Morgana

VENTRE, avec cinq dessins de Dany Danino, 2022

Aux Éditions L'Atelier contemporain

PREMIERS TRAITS. Mémoires d'un dessinateur, 2023

Le caractère Infini utilisé en couverture a été créé par Sandrine Nugue dans le cadre d'une commande publique du Centre national des arts plastiques.

Composition : PCA
Achevé d'imprimer par Dupliprint à Domont (95), en avril 2024.
Dépôt légal : avril 2024.
Numéro d'imprimeur : 2024040438
ISBN : 978-2-07-307039-5 / Imprimé en France

632670